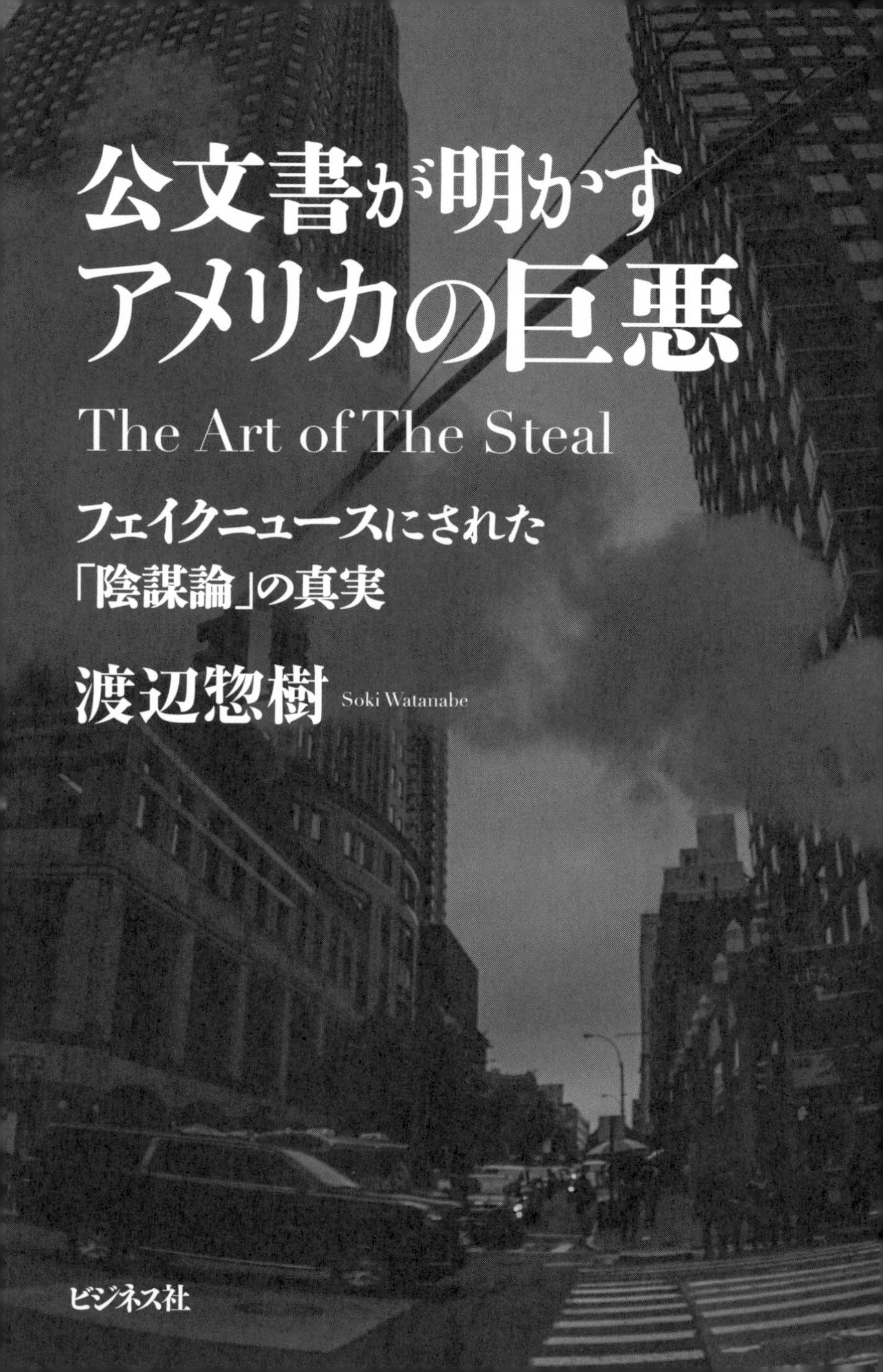

公文書が明かすアメリカの巨悪

The Art of The Steal

フェイクニュースにされた「陰謀論」の真実

渡辺惣樹 Soki Watanabe

ビジネス社

筆者が、トランプ再選を望んだ理由は他にも多いがここではこれ以上は触れない。いずれにせよ、筆者の、「トランプ氏に再選してほしいとの願望」には根拠がある。ただやみくもに中国に厳しい姿勢をみせているからトランプ大統領再選を望んだのではない。

上記に挙げた黒瀬氏の論説の問題点は他にもある。冒頭にある、「客観的に見れば、今回の大統領選で大規模な不正があったとは極めて考えにくい」の文章である。これは、同氏の主観を述べただけであり、数多くあがっている不正疑惑に言及も検討もしていない。米国の事情に疎い日本の読者をミスリードするものだと批判されても致し方ない。

本書は、この部分に対する反論の書である。筆者は、トランプ支持者であることを明確にしているだけに、その感情を抑えなくてはならない。そのために、自身の考えを開陳するのではなく、これまで明らかにされた公文書を読者に紹介する手法を取ることにした。先の選挙での不正については、多くの疑念が呈され、実際に数多くの法科学的な分析もなされている。嘘を言えば罰せられる「宣誓供述書」も法廷や議会に多数提出されている。

証言・証拠のすべてを本書で紹介することはできないが、幸いそれらを、わかりやすくまとめた公文書が少なくない。これまでの裁判、議会公聴会、シンクタンクの研究などを通じて明らかになった事実を要領よくまとめている。そうした文書のなかで、先の選挙の異常性（不正）を日本の読者が理解するのに役立つものを選択し、訳出した。

第1章では、政府公文書である「ナヴァロ報告書」（第1次〜第3次報告書）を扱った（第1〜3節）。この報告書は、トランプ政権で通商顧問（国家通商会議委員長）であったピーター・ナヴァロが、その時点で明らかになっていた選挙不正が疑われる事象を詳細にまとめたものである。

これに続いて、第4節では、「ミシガン州アントリム郡で使用されたドミニオン集計機監査暫定報告書」を紹介した。先の選挙で使われた票集計機がいかにバイデン有利に設計されていたかを示す内容である。これは、独立系団体の分析である。

第5節では、ジョージア州上院法務委員会委員長報告書を扱った。同州では、選挙不正の声の高まりを受けて、議会が公聴会を開いた。そこで明らかになった証拠・証言をベースに、同州上院法務委員会委員長が、「同州の選挙結果は承認されてはならない」と結論づけた内容である。

第2章では、米国国家情報長官（ジョン・ラトクリフ）による報告書（ラトクリフ報告書）および、テキサス州の連邦最高裁判所への訴状を紹介した。

ラトクリフ報告書は、短い内容で、隔靴《かっか》掻痒《そうよう》の感がある。しかし、ディープステイトの本丸である米中央情報局（ＣＩＡ）の妨害（ＣＩＡには中国の干渉を矮小化したい、あるいは認めたくない思惑がある）があったことを考えれば、おそらくこれが精いっぱいの内容だっ

不正選挙が疑われる激戦6州と
テキサス州の提訴に参加した18州

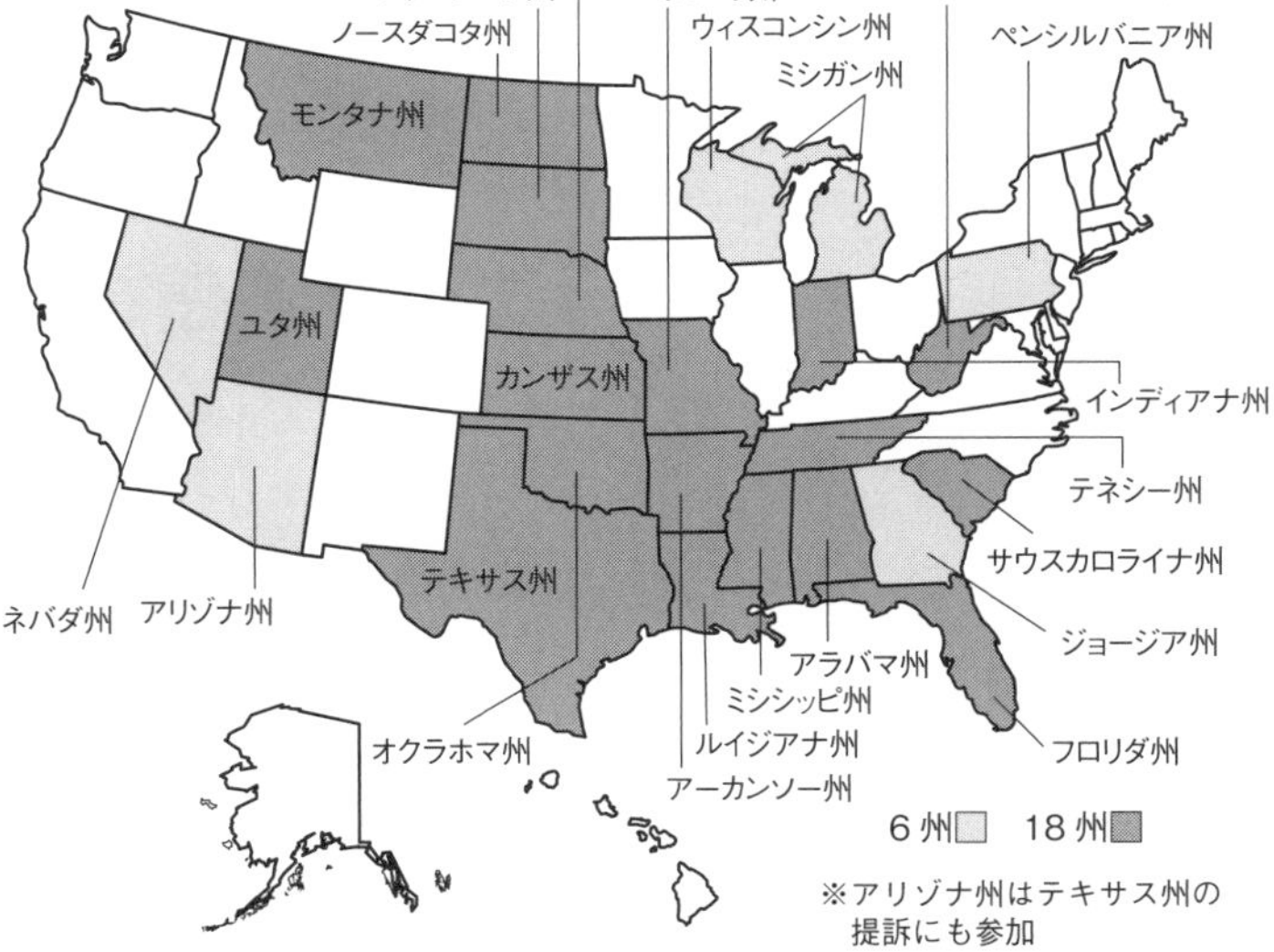

たのであろう。

テキサス州は、法に則った厳正な選挙管理下で選挙を実施した。不正の温床の1つであったドミニオン集計機も採用していない。不正がやり放題であった他州の選挙結果で、テキサス州民の権利が侵されたと憤っている。同州は、不正選挙が行われた州の選挙人指名は認めてはならないと連邦最高裁判所に訴えた（合衆国憲法修正第14条違反が根拠、被告州はウィスコンシン、ミシガン、ペンシルバニア、ジョージア）。テキサス州と同様に憤る他の18州[*2]も、そしてトランプ大統領自身も原告に加わった。

前2章の公文書で明らかになっているが、今も日本を苦しめているコロナウイルス禍（中共肺炎）を、民主党は権力奪取のツールとして利用した。州法違反の選挙管理手続き変更、共和党集計監視員の排除、不正投票が容易な不在者・郵便投票の推進に、「コロナウイルス感染防止」を錦の御旗にした。民主党は大統領選挙において、この惨禍を徹底的に政治利用したのである。

彼らには、「コロナは怖い」と必要以上に国民を怯えさせたい動機があった。これに、グローバリストの一角である米国の医療系官僚が加勢した。彼らは、トランプ大統領のWHOからの脱退が気に入らなかった。

米CDC（アメリカ疾病予防管理センター）が、マスクは効果がないとしていた指導を突然に変更し、マスクの強制を推奨したのもその流れである。日本の医療系官僚もグローバリストであるだけに、米国の指導に倣っている。

多くの読者も、このウイルス禍に強い政治バイアスかかっていることをうすうす感じているはずである。第3章には、この問題について、昨年末に筆者が発表した論文「コロナ後を考えるのはまだ早い」（日本戦略研究フォーラム季報2020年10月）を再掲した。民主党（およびグローバリスト官僚）がコロナウイルスの恐怖を煽っている可能性に警鐘を鳴らす内容である。

ウイルスは変異する。このままでは、日本人は恒久的にマスクを強いられ、接客業、飲食業、ホテル観光業などの回復はない。老人や糖尿病などの疾患のあるものだけに格別の配慮を払いながら、国民総体の自己免疫力を信じる（高める）という方針（感染は恐れない、感染しても健常人は回復する、症状を緩和する処方は存在する）に変えるという考えがあってもよい。

ワクチンの効果は100％ではない。安価な既存の薬を使い、症状を劇的に緩和する処方を多くの医師が見出しているが、メディアはそれを報じない。米大統領選挙にコロナ禍を利用した米民主党の悪辣な戦略が、日本人の生活にも暗く影を落としている。

日本では、保守と理解されていた論者でさえ、選挙不正がなかったことを前提にした論考を発表している。筆者は、そうした論考が、仮に「結果として」優れていたとしても、信用しない。いま、米国民の半数以上が、正当性のない大統領を国家元首としていることに憤り、そして幻滅している。その事実を捨象した論考は、おそらく「結果として」も間違ったものになろう。本書を読了していただければこの意味を理解していただけると思う。

本書の基本構成は公式英文記録に基づく資料集である。異なる性質の資料を選択したが、部分的にその内容は重複する。また、読者の便宜のために必要に応じて写真を挿入したが、原文にはない。予め了解していただきたい。[*2]

2021年　春

筆者

＊注

＊1：テキサス州の提訴に参加した18州
ミズーリ、アラバマ、アーカンソー、フロリダ、インディアナ、カンザス、ルイジアナ、ミシシッピ、モンタナ、ネブラスカ、ノースダコタ、オクラホマ、サウスカロライナ、サウスダコタ、テネシー、ユタ、ウェストバージニア、アリゾナ

＊2：法的文書については、専門用語が頻出する。本書では読者にわかりやすい表現に変えた。訳出した訴状は厳密な意味で言えば意訳である。

公文書が明かすアメリカの巨悪——フェイクニュースにされた「陰謀論」の真実　もくじ

第1章
想像を絶する巨悪の選挙不正行為

第2章

敵対外国勢力の干渉とテキサス州の怒り

第3章

民主党の権力奪取に利用されたコロナ禍

不正選挙に関与した組織

BLM（Black Lives Matter）
黒人差別撤廃を謳う過激組織

「州務長官プロジェクト」委員会
激戦州において過激リベラルの操り人形を州務長官に据えるプロジェクトを推進。ジョージ・ソロスが支援

デモクラシー連盟（the Democracy Alliance）
デモクラシー連盟は進歩リベラル派の政治組織・政治家への献金団体。強力な政治資金力がある

ブレナン・ジャスティスセンター（Brennan Center for Justice）
民主党有利の選挙制度変更や司法判断を促すジョセリン・ベンソン州務長官の動きをサポート。ソロスが支援

デモクラシー・ドケット（Democracy Docket）
2016年ヒラリー・クリントン選挙における同陣営選対部長だったマーク・エリアスが立ち上げた組織。激戦6州すべてで、民主党の「投票箱を不正票で溢れさせる戦略」に沿って活動

投票を促進する会（Promote the Vote）
ソロスが支援する民主党系過激組織。大量の署名を集め州民投票を利用した選挙ルール変更を実現。同様の左翼組織に「iVote」と「ACLU of Nevada」

CTCL（Center for Tech and Civic Life）
2012年にマーク・ザッカーバーグが設立。選挙管理プロセスを民主党有利に変更。現在は活動停止しているNOI（New Organization Institute）の元「無効票お助け隊（Ballot Rescue Teams）」職員を採用。無効票お助け隊は「公園の民主主義（Democracy in the Parks）」と称し、公園に200以上の投票箱を設置

第1章

想像を絶する
巨悪の選挙不正行為

第1節　第1次ナヴァロ報告書「想像を絶する欺瞞」

２０２０年12月17日

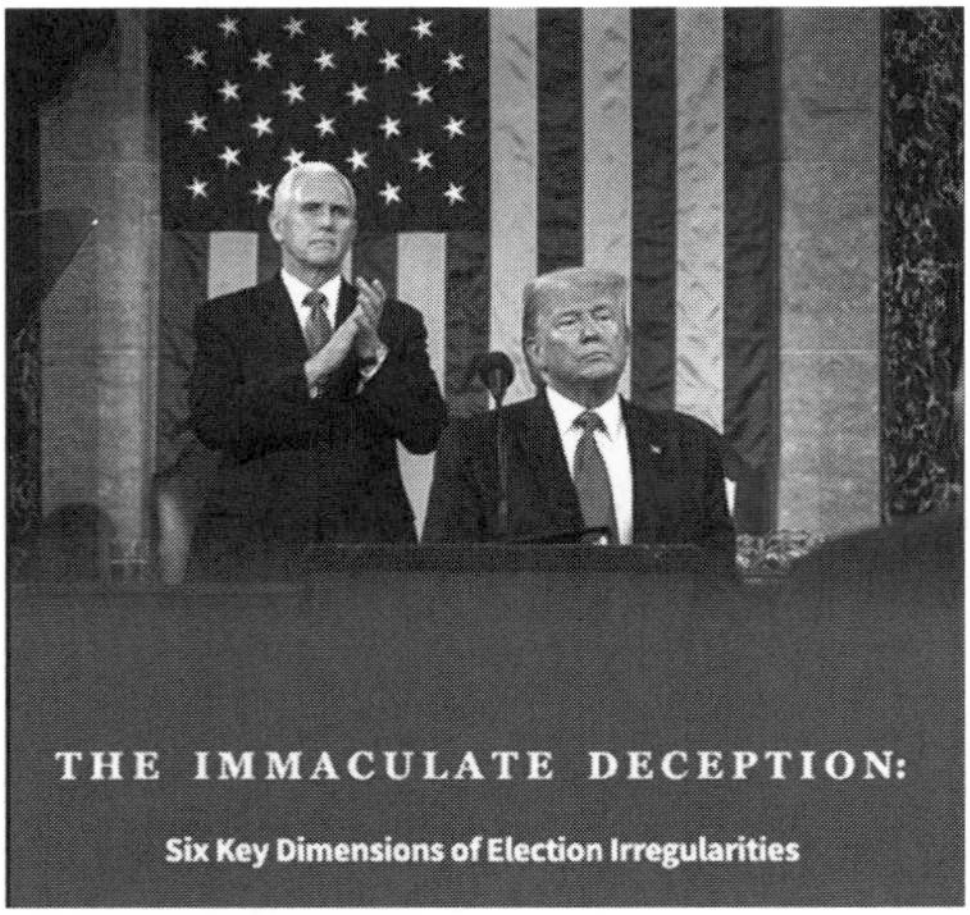

第１次ナヴァロ報告書表紙

要旨

２０２０年大統領選挙において、多くの不正があったとの批判が渦巻いている。本報告書は、先の選挙における公正性・信頼性についての分析であり、激戦となった6つの州（激戦州：アリゾナ、ジョージア、ミシガン、ネバダ、ペンシルバニア、ウィスコンシン）で実際に何が起きていたのかを検証するものである。これまでに示された司法判断および不正行為を訴える現在進行中の裁判はおよそ50ある。検証作業には、裁判プロセスで提示された数千

表1　選挙プロセスに見られた州別異常現象

	AZ	GA	MI	NV	PA	WI
明らかな不正	+	+	*	+	*	+
集計不法処理		+	+	+	+	+
違法が疑われるミス	+	+	+	+	+	+
憲法平等条項違反	+	+	+	+	+	+
集計機異常（不正）	+	+	+	+	+	*
統計的不可能な票の動き	+	+	+	+		+

注:+:証拠証言多数、　*:いくつかの証拠証言。以下の表でも同様

にもおよぶ宣誓供述書・証言を使用した。シンクタンクや法律センターの調査レポート、メディアが報じた写真・コメントも参考にした。

表1は、激戦6州に見られた「異常な現象」(the significant irregularities）を表にしたものである。これが、「先の選挙におけるトランプ大統領の勝利は盗まれたものである」と結論付けた本報告書の根拠である。

2020年選挙では、「トランプ・ペンス」候補の勝利を妨げるため、綿密に計画された共謀行為があったことは確実である。表1が示すように、（不正行為を示す）異常な現象が激戦6州すべてに見られた。「盗まれた」と断言しないにしても、「盗むための良く練られた戦略」が存在していたことは確実である。その結果、大量の不正が疑われる票が生まれ、それが選挙

結果を左右した。

今回の検証を通じて以下のように結論づけることができた。

1　明らかになった証拠や選挙管理・開票プロセスの異常に鑑みれば、「不正を示すいかなる証拠もない」と主張することは無責任である。

2　疑義のある（不正票と疑われる）票数は、バイデンリード票を覆すのに十分な数がある。これらの一部が「不正票である」と認められるだけで、選挙結果は逆転する。

3　表で示したように異常は6種類に分類されるが、激戦6州でそのすべてあるいはほとんどが起きている。一方で特定州に特徴的な異常もある。

4　民主党のとった戦略は、異なるタイプの不正行為の総合で選挙結果を覆すというものであった。

5　反トランプの主要メディア・ソーシャルメディアは、こうした異常について調査を求める国民の声を封じている。彼らは、不正行為の共犯者である。メディアへの信頼性を低下させるだけでなく、わが国の政体（共和制）を破壊し、国家を破壊する危険な行動である。

6　バイデンを支持するジャーナリスト、専門家あるいは政治指導者は、ここに示した6

つの異常の存在をまず認めなくてはならない。しっかりした調査で2020年大統領選挙の真実について明らかにすべきである。そうした調査が新大統領就任日までになされなければ、正当性のない人物に権力を委ねることになり、その結果、国民の多くが大統領を支持しないという事態を生む。

7
本報告書で示した異常が調査されなければ、議会及び司法も機能不全に陥っていることを意味する。

アリゾナとジョージアの知事は共和党であり、6州のうち5州（アリゾナ、ジョージア、ミシガン、ペンシルバニア、ウィスコンシン）の議会は、共和党が多数派である。従ってここに示した選挙の異常性について調査を進めることはできる。そうでありながら、共和党政治家も、強い政治圧力に負け、調査しようとしない。彼らの態度は、憲法が定める義務の放棄である。州民・国民そして彼らの所属する政党に対する裏切り行為である。

8
州裁判所および最高裁を含む連邦裁判所も、選挙不正の有無についての判断を忌避する態度を見せている。彼らの態度も共和国制度を揺るがしている。

大統領就任式前に、異常な選挙を調査しないのであれば、わが国ではフェアな大統領選挙は今後期待できない。2021年1月5日に予定されるジョージア州での上院選挙がその試金石となる。（注：同州では有権者の半数以上の得票がない場合、再選挙となる。結局、この選挙でも異常性を是正する対策が何一つ取られず、大量の郵便票が民主党の二人の候補に投ぜられた。その結果二人の民主党議員が誕生し、上院でも民主党が過半数を制した）

大統領選挙における票の推移

選挙日の深夜、ドナルド・トランプ大統領は、第二期政権に向けて余裕のリードを見せていた。この時点で再選のカギとなる2つの州（フロリダ、オハイオ）をすでに制していた。また、かつて、オハイオを落として大統領選を勝利した共和党候補は一人もいなかった。フロリダを制することなく大統領選に勝利した民主党候補はわずか二人である。

この時点でのトランプ候補のジョージア、ペンシルバニア、ミシガン、ウィスコンシン各州でのリードも常識的には覆すことができない票差であった。この4州でトランプ候補が勝利していれば294対244で再選されていた。

ところが深夜12時を回ったころから、大量の不在者・郵便票がカウントされ始めた。それがトランプの地滑り的勝利を奪い、ジョー・バイデンの僅差での勝利を生んだ。

表2は、上記4州における選挙日の深夜12時時点でのトランプリード票と、12月15日の最終的なバイデンリード票を示したものである。

表2　選挙日の深夜12時時点でのトランプリード票と、12月15日の最終的なバイデンリード票

	GA	PA	MI	WI
11月3日深夜時点のトランプリード票	356,945	555,189	293,052	112,022
12月15日時点のバイデンリード票	11,779	81,660	154,188	20,682

表2にはないネバダ、アリゾナでも不可解な状況があった。両州では、選挙日当日にはバイデンがそれぞれ3万票強、15万票弱リードしていた。しかし、トランプ陣営による事前調査では、遅れて開票される票が集計されれば、最終的にはこの差は逆転できるという予想であった。しかしそうはならなかった。

こうした異常な数字の動きをみて、全米で最も神聖であるべき選挙の公正さそして信頼性が損なわれたのではないかとの声が上がり、共和党内部あるいはトランプ大統領本人からこの選挙は盗まれたとの訴えが出たのである。選挙後たちまち50を超える訴訟が起こされ、不正を訴える数千の宣誓供述書も提出された。多くのビデオ、写真、証言があり、それらがあらゆるタイプの不正があったことを示唆していた。

左翼陣営、特に民主党は、不正への疑いを、「負け犬の恨み節」と切って捨てた。中には不正など一切ないとまで主張するものもいる。異常な事態はあったが、選挙結果を覆すものではないとうそぶくものもいる。

メディアの間でも、反トランプの主要メディアと保守系メディアの間で、ルール無用の戦い「バトルロワイアル」が始まっている。主要メディアの代表である、ニューヨークタイムズ、ワシントンポストといった新聞あるいはCNN、MSNBCといったケーブルニュースは、「トランプは敗北を認めよ」と声高に主張した。

トランプ陣営は、「今回の選挙の異常性を疑い調査が必要ではないかという声が圧殺されている。この選挙はわが国の歴史上最大のスキャンダルであるにもかかわらず、フェイスブック、ツイッター、ユーチューブなどのソーシャルメディアも、疑いの声の封殺にやっきである」と反発している。

一方で、反トランプの主要メディアやソーシャルメディアに替わる保守メディアを育てようとする動きもある。保守系メディアには、ニュースマックス（Newsmax）あるいはワンアメリカンニュースネットワーク（OAN）がある。明らかになった不正や違法な選挙管理手続きなどについて深堀する番組もあり、高名な政治評論家が論じている。スチーブ・バノン(War Room Pandemic)、ジョン・ソロモン(Just the News)、ラヒーン・カッサン(National Pulse）らである。国民は、事実を伝える報道に飢えている。あの選挙でいったい何が起きていたのか。それについての情報は保守メディアのこうした番組を通じてしか知ることはできない。

多くの国民が反トランプ姿勢を貫く主要メディアやソーシャルメディアの主張（不正はなかった）を信じていないことは統計的にも明らかである。62％の共和党支持者は、あの選挙は民主党によって明らかに強奪された、と考えている。インディペンデント（独立中間層）でも28％、民主党支持者でさえも17％が同じ思いを抱いている（ラスムーセン調査）。

不正があったことがバイデン就任後に明らかになるようなことがあれば、合衆国の共和制度は重大な危機に直面する。世界に冠たる民主主義国家アメリカで、自由で公正な選挙ができず、不正行為を疑わせる山ほどの証拠にもかかわらずメディアはそれを調べようともしないのであれば、われわれの誇る民主主義制度は崩壊する。そうなれば合衆国（共和国）は息絶える。だからこそ真相に迫らなくてはならない。本報告書はそのために作成されたのである。

激戦6州で見られた6つの異常（不正）

表3は、6州でのバイデンリード票と推定不正票の数を示したものである。どの州においてもバイデンのリードは僅差である。ここに示した推定不正票の数字は、50を超える現在進行中の裁判所への提訴資料、既に出された司法判断、宣誓供述書、裁判や公聴会での

表3　選挙プロセスに見られた州別異常（不正）、不正票とバイデンリード票の差

	AZ	GA	MI	NV	PA	WI
明らかな不正	+	+	*	+	*	+
集計不法処理		+	+	+	+	+
違法が疑われるミス	+	+	+	+	+	+
憲法平等条項違反	+	+	+	+	+	+
集計機異常（不正）	+	+	+	+	+	*
統計的不可能な票の動き	+	+	+	+		+
バイデンリード票	**10,457**	**11,779**	**154,188**	**33,596**	**81,660**	**20,682**
推定不正票	**10万票強**	**40万票強**	**不明**	**10万票強**	**60万票強**	**20万票強**

証言、報道記事、シンクタンクや法律センターによる分析、写真・ビデオ記録、目撃証言などを総合して得られたものである。

表にある＋印は、広範囲にわたる不正を、＊印はその程度が軽いが同様の不正が見られたことを示している。

表3で特徴的なのは、悪質な不正行為は全6州に遍く見られたことである（アリゾナでは集計不法処理があったか、ペンシルバニアでは統計的な不可能な数字の動きがあったか。これについては現時点では確認できていない）。表3の太字でバイデンリード票と不正が疑われる票を示したが、不正が疑われる票がいかに大きいかが一目瞭然である。疑惑票が是正されれば（無効になれば）、選挙結果は容易に覆る。ミシガン州での推定不正票は不明としている

表4　明らかな不正行為

	AZ	GA	MI	NV	PA	WI
買収	+			+		
偽造票あるいはトランプ票破棄	+	+		*	*	
不在者・郵便投票条件の不法緩和		*			*	+
複数回投票及び非有権者投票	+	+		+		
死人・幽霊票（幽霊票:存在しない人間による票）	+	+	*	+	*	
バイデン票の複数回カウント			*	*	*	+
州外居住者投票	+	+		+	*	

が、これは不正がなかったのではなく、推計の根拠が現時点では不十分であるからである。

不正があったのかなかったのか。トランプ大統領の勝利は奪われたものではなかったのか。そうした問いへの答えを国民が求めることは当然である。そのことを表３は示している。

明かな不正の数々

表４は、疑いの余地のない不正の種類を州別に表示したものである。あらゆるタイプの不正が全６州で行われていた。

買収

買収の典型的行為はネバダ州のものである。バイデン陣営がターゲットとしたのは原住インディアンの人々であった。同陣営はバイデンへの投票と引き換えに、ギフトカード・宝石などを提供した。エポックタイムス紙は、同様の買収がアリゾナ、ウィスコンシンを含む8つの州であったと報じている。

偽造票あるいはトランプ票破棄

投票用紙の偽造も行われていた。明らかに偽造票だと思われる投票用紙の存在は、トラック運転手の宣誓供述書によってわかっている。彼は、ニューヨークで積んだ投票用紙の入った多数の箱を、ペンシルバニア州にある投票所に運んだ、と証言している。その数は推計10万票を超える。これだけでも同州のバイデンリード票を覆すのに十分過ぎる数である。

ペンシルバニア州では、集計担当員がUSBフラッシュドライブを使い大量のバイデン票を集計機に読み込ませていたことも、宣誓証言や証拠写真で裏付けられている。機械が通常に（スキャンによって）読み込んだ票の動きでは見られるはずのないバイデン票のジャンプ（バイデンジャンプ）があったのはこれが理由と考えられる。偽造票を読み込ませる不正行為はジョージア州アトランタでもあった。同市のステートファーム・アリーナ集計所で起きたこのケースでは、その現場を監視カメラがとらえていた。

この集計所の場合、集計監視員やメディアの記者は集計所から退去するよう命じられた。理由は、建物内での水漏れであった。水漏れが実際にあったかどうかも怪しい（注：後日トイレ内の軽い水漏れだったことがわかっている）。監視の目が消えた集計所に数人の集計員が残った。彼らは、テーブルクロスの掛けられた長テーブルの下に隠されたスーツケースを引き出した。そこには大量の投票用紙が入っており、集計員だけになったアリーナで集計作業を続けた（注：監視員のいないところでの開票集計作業は違法行為である）。偽投票用紙によって、数万票がカウントされた。実際、この作業が行われた時間に、大量のバイデン票が入っていた。

犯罪行為を示す大量の証拠や証言があるにもかかわらず、反トランプメディアは、だんまりを決め込んでいる。彼らは、「監視員やメディア関係者は自発的に集計所から退去した」、「監視員のいないところでの集計作業には問題ない」と出鱈目を主張し、開き直っている。

不正が疑われれば、ジョージア州検察長官あるいは連邦司法省は捜査しなくてはならない。そうでありながら捜査がなされているのかいないのかもわからない状態である。監視カメラでとらえられた不正行為を示す映像の存在、それにもかかわらず捜査を進めない司法当局。国民の選挙の公正性あるいは信頼性への疑念が消えない原因はここにある。

トランプ票が破棄された疑いもある。アリゾナ州連邦地裁では、7万5000を超える不在者票（注：軍人票などトランプ支持が高い不在者票）が、実際には届いていたにもかかわらず、集計所に運び込まれていなかったとの訴えが起こされている。こうした票は、ひそかに破棄され、新たな投票用紙に、集計関係者あるいは第三者がバイデン票に書き換えたのである。

不在者・郵便投票条件の緩和（不法行為）

不在者・郵便票は、老齢あるいは身体的障害で投票所に足を運べない有権者のための制度である。この制度が2つの手法で悪用された。

第一のやり方は老人や体の不自由な有権者を騙したり、本人に成りすます行為である。ジョージア州では、介護施設に暮らす老人になり替わって何者かが郵便投票を申込んだうえで、本人になり替わって投票していた。これに気づいたのは老人の家族だった。ペンシルバニア州では、ダウン症の娘を連れて投票に行った両親が、何者かが娘になり替わって郵便投票を済ませていたことを知らされた。

もう一つは、ウィスコンシン州で提訴されている案件である。病気や障害がないにもかかわらず、郵便投票を申し込む方法である。郵便投票の場合の本人確認条件が緩いことを悪用する手口である。投票所ではしっかりとした写真付きのＩＤが求められる。それを回避することが狙いである。

デイン郡及びミルウォーキー郡では、選挙関係者自ら、健常者に郵便投票を勧めていた。これは、明らかな違法行為である。実際、身体の不自由などを理由に郵便投票したものが、堂々と結婚式に出席したり、自転車に乗っていたり、バケーションを楽しんでいた。その様子を写した写真が出ている。

ウィスコンシン州では、身体的障害を理由にした投票が激増した。２０１９年の地方選挙ではわずか7万だったものが、先の大統領選挙では20万を超えた。13万票の増加（注：ほとんどがバイデン票）は、同州におけるバイデンリード票（２万６８２）をはるかに上回る。

複数回投票及び非有権者投票

罪を犯し投票権を失っているものもいる。未成年者、有権者登録を済ませていない者、不法移民、州外居住者、正規の住所がなく私書箱で住所登録した者。これらにも投票資格がない。

ジョージア州では、こうした不資格者による投票が大量にあった。そのことはレイ・スミス（トランプ陣営の代理人）が起こした訴訟で明らかになっている。その数は7万にも上る。

例えば、他州に転居しその住所変更を済ませたもの、あるいは未届けだが明らかに他州に移ったものは2万いた。それにもかかわらず同州では有権者リストに登録されたままであった。

ペンシルバニア州では、他州に住む過激組織BLM（Black Lives Matter）の関係者およそ80人から100人が、同州で投票していた。

同一人物が、複数の州で投票する行為もあった。ネバダ州では他州でも投票していたものが1万5000もいたと推計されている。これらは郵便投票を不正利用したものである。同州の有権者確認作業は一貫したルールがなく、杜撰であったことがわかっている。

死人・幽霊票

死人・幽霊票（Phantom Votes）は表4で示したように5州で見られた。

ペンシルバニア州では、トランプ陣営が、公告された死亡記事と有権者リストを比較照合する作業を行った。その結果、およそ8000の「死者」が、郵便投票を利用して投票したことが判明した。ジョージア州でのバイデンリード票（約1万1000）はわずかであり、同州の幽霊票（約1万6000）だけでもそれが覆る。

ミシガン州デトロイトの集計所では、「集計機オペレーターが、1900年生まれの多数の人物を集計機（注：ドミニオン機）に手動で読み込ませていた」との目撃証言がある。ネバダでも、３年半前に死んだ妻が、２０２０年11月2日に投票していたことを見つけた寡夫がいた。

死者票を使う選挙違反はこれまでにもあった。これが原因で１９６０年の大統領選挙の結果が左右されている。この選挙ではリチャード・ニクソン（共和党）とジョン・Ｆ・ケネディ（民主党）が争った。イリノイ州では、シカゴ市長リチャード・デイリーの指揮する支援団体が組織的な不法投票に手を染めた。この選挙では、死者票は３０００以上、州内の異なる投票所での複数回投票は3万１０００超であった。同州のケネディリード票はわずか９０００だった。

幽霊票とは、有権者リストに登録されていない人物の票である。ジョージア州では他州に移住登録済で同州では投票資格のない人物の票だけで2万（推計）を超えている。これは、同州のわずかなバイデンリード票（約1万１０００）を容易に覆す数字である。ネバダ州では、登録有権者が転居した住所に郵便投票申込用紙が送付されていた、と選挙関係者が証言している。

バイデン票の複数回カウント

（バイデン票の）束を、電子集計機に繰り返しスキャンさせ、その票を複数回カウントさせる行為もあった。また同一人物が一日で複数回投票する事例もあった。ウィスコンシン州では担当者が集計機に同じ票の束を繰り返しカウントさせていたことが目撃されている。ウェイン郡（ペンシルバニア州）でも、3回から4回、機械に（同一の束を）読み込ませていた。

ペンシルバニアでは、選挙管理員が、同一人物が変装して二度投票していたのを目撃している。ウェイン郡（ミシガン州）のある投票所では、複数ある投票デスクをはしごして二度投票したものもいた。一人の女性が、投票機に二度投票した例もあった。

不適切な有権者確認・票管理

表5は、杜撰な有権者確認作業・票管理の事例を示したものである。その種類も多く、ほぼすべての激戦州でそうした不正が確認されている。

写真照合の手抜き

まず有権者確認照合が適正でなかったことが挙げられる。選挙の信頼性を担保するため

表5　不適切な有権者確認・票管理

	AZ	GA	MI	NV	PA	WI
有権者確認照合無			*	*		+
杜撰な署名確認		+		+	+	
偽造票あるいは裸票			*		+	
選挙管理者以外による票の取り扱い		+	+	+	+	+
消印の無い郵便票及び消印改竄郵便票			*			*

には選挙管理スタッフによる有権者確認は重要である。

投票所における本人確認が適正になされていない事案が多数報告されている。ミシガン州では、本人確認のための写真証明書がなかったり、運転免許証の写真しか提示できなかった者にも投票を認めた例があった。これは違法行為であるが、投票所管理責任者の一存で決められていた。ネバダ州では、選挙管理関係者が、ネバダ州民を示す証明書を持たない者に対して同州免許証の取得を勧め、違法免許証だけで有権者登録を認めていた。この不法行為は２０２１年１月になっても続いている。

杜撰な署名確認

不在者投票あるいは郵便投票では、封筒に記された署名が、有権者リストに登録された署名と一致していなくてはならない。この照合作業が杜撰《ずさん》であったことがネバダ、ペンシルバニア、ジョージアでわかっている。特にジョージア州は悪質であった。州務長官は、同州民主党との間で法に違背する協定を結んでいた。法が要求する2つの方法による本人照合（二段階照合）を1つでかまわないとする違法協定であった。同州での郵便投票は120万にも上る。それだけに、照合プロセスが違法に緩和されたことは大きな問題である。

ネバダ州でも同州法に違背する照合プロセスの緩和があった。州法では、「照合は人の目による」と規定され、機械照合は許されていない。そうでありながら（大都市ラスベガスのある）クラーク郡選挙管理委員会は、照合機を導入した。使用された機器はアジリス署名照合機（Agilis Machine）だった。この機器の精度は低いことは知られており、これが不正投票を誘発した。

ウィスコンシン州も同様で、署名確認手続きが大幅に緩和されていた。これも同州法に反していた。この問題について州選挙管理委員会と州政府は訴えられている。訴状には次のように書かれている。

「この緩和措置は、州議会の権限を犯している。選挙不正防止とその信頼性を担保する手段が蔑ろにされ不正票が横行する素地を作った。これは州選挙法違反である」

封筒のない裸票

郵便で届けられる票は、封筒に投票者が署名している。封に入っている票に書かれた署名と封に書かれた署名は一致していなくてはならない。従って封のない裸票は無効である。ペンシルバニア州務長官（民主党）は勝手な通達（ガイドライン）を出し、裸票も有効にするよう指導した。この通達は言うまでもなく州法違反である。民主党は郵便票による投票を推進していたことからわかるように、郵便票の多くはバイデン票である。ペンシルバニア州最高裁は、この通達を無効と判断した。そうでありながら、州務長官は、裸票無効を通達していない。

選挙管理者以外による票の取り扱い

投じられた票は、選挙の信頼を担保するために、厳重な管理が求められる。ところが、投票箱の移管作業は杜撰であったことがわかっている。

民主党は、街頭に投票箱を大量に設置させた。投票箱は誰の監視もない場所に置かれた。これによって票管理のプロセスが増加し、それが不正行為を誘引する環境を生んだ。また、投票箱の設置で、「票の取りまとめ」も容易になった。多くの票を（工作員やボランティアが）取りまとめて、街角に設置された投票箱に放り込めばよく、咎める者はいない。

こうして不正票が紛れ込むリスクは格段に上がった。「選挙管理者以外による票の取り扱いがあれば、矯正が難しく選挙の信頼性が損なわれる。裁判所による再選挙命令さえあり得る」(BlackBoxVoting.Orgの主張)。

監視のない投票箱の設置問題は、ペンシルバニア州でビデオに撮られた男の行為でも明らかである。この男は、ジープに乗って投票箱から票の入った小箱を勝手に取り出し、集計センターに運び、空の箱を投票箱に戻していた。ジープには何の目印もなかったからこの男の正体は不明である。

ウィスコンシン州では、投票箱500を設置した。こうした投票箱は、民主党支持者の多い都市部に偏って置かれていた。投票箱の設置は州法違反であり、有効票にしてはならない。

票の取りまとめ行為の典型はペンシルバニアのケースである。同州では、2万5000の不在者投票申請が、多数の老人介護施設から同時期（同じ日）になされていた。（注：何者かが取りまとめをしていた証左）

ウィスコンシン州では、中央集計センターに、投票箱から集められた票が届けられたが、開封済の票があった。何者かによって改竄《かいざん》された可能性があったが、有効票として集計された。同州では、選挙関係者一人が大量の投票用紙を車に積み込んでいる様子が目撃されている。用紙を積んだ車は、そのままどこかに走り去った。これを監視する責任者はどこにもいなかった。また、既に述べたように、大量の偽投票用紙をニューヨーク州からペンシルバニア州に運んだトラック運転手の証言もある。

集計責任者でないものによる集計作業もあった。ジョージア州フロイド郡では、そうした人物が集計作業に関与し、集計機に票を読み込ませていた。この人物は、２０１９年にはカマラ・ハリス（現副大統領）の選挙キャンペーンで公式カメラマンだったことがわかっている。大統領選挙では、候補者と関係があるものが集計に関与することは禁じられている。

消印のない郵便票及び消印改竄郵便票

どの州においても、消印のない不在者・郵便票は有効票にしてはならないことが決められている。もちろん偽って前倒しした消印を押し、期限内に投函されたようにみせかけることも違法である。こうした事例がいくつかの州で起きていた。

ウィスコンシン州で提出された宣誓供述書によれば、米国郵便公社の管理職が、期限内に受け付けたように見せかけるために、部下に消印の改竄を指示していた。（注：米国郵便公社は民主党と蜜月にある）同州では10万を超える郵便票が改竄されたと疑われている。

表6　選挙集計プロセスで見られた不正行為

	AZ	GA	MI	NV	PA	WI
選挙監視員に対する不法取り扱い	+	+	+	+	+	+
法に違反する不在者・郵便票の取り扱い		+			+	+
有権者リスト非記載の人物の投票容認		+	*	+	*	+
投票所における不法選挙活動			*		*	*
選挙管理者関係者による票の修正（違法行為）	+	+	+	+	+	+

デトロイト（ミシガン州）では、選挙管理委員が、集計担当者に消印を前倒しさせ有効票に変えていたとして提訴されている。同州では、消印のない票も集計機にカウントさせていたことも目撃されている。

選挙集計プロセスで見られた不正行為

集計作業そのものにも異常な手法が見られた（違法があった）。表6はそれを州別にまとめたものである。

選挙監視員に対する不法取り扱い

選挙の公正性を担保するために、監視員が票の受付・開票・集計の一連のプロセスを監視する。そうでありながら（共和党の）監視員に対する不法な取り扱いが全6州であった。

監視人を排除し目隠しボードで集計の模様を隠す選挙関係者（デトロイト）　REX/アフロ

ジョージア、ミシガン、ペンシルバニアでは、選挙監視責任者（Judges of Election）や（民主党系の）集計人によって、共和党系監視員は集計所へのアクセスさえ妨害されていた。監視員は、正式な身分証明書を提示したにもかかわらず、排除された。

ジョージア、ミシガン、ネバダ、ペンシルバニアでは、共和党監視員は別室に閉じ込められ集計作業の監視ができなかった。警官が封じ込めに協力したケースもあった。

上記4州では、共和党監視員は監視作業ができないほどに集計台から遠ざけられもした。ミシガンでは、集計作業そのものを見えなくするボードが設置された。ペンシルバニアでは、集計作業そのものが監視員のいない密室で行われたケースもあった。

署名照合が規則通り行われているか？　票と封筒は対で揃っているか（裸票ではないか）？　ダブルカウントなどの複数回集計がなされていないか？　監視員は、選挙の公正性を担保する最後の砦なのである。

法に違反する不在者・郵便票の取り扱い

ジョージア州では、法に定められた期日（申請受付は選挙日180日前から）以前になされた不在者投票申請をそのままプロセスしていた。明らかな州法違反である。逆にペンシルバニアでは締め切り期日後の申請も受け付けていた。

選挙後の11月7日、連邦最高裁は、選挙日（11月3日）以降に届いた郵便票およそ1万を、仕分けして保管するよう命じた。この命令にもかかわらず、この前日（11月6日）に届けられた郵便票が仕分けされていなかったとの証言がある（デラウェア郡の選挙監視員）。

「公園の民主主義（Democracy in the Park）」の違法性

ウィスコンシン州マジソン郡は、民主党勢力が強い地域である。バイデン陣営は、行政に圧力をかけ、200以上の期日前投票所を設けた。設置場所には公園を選び、それを「公園民主主義（Democracy in the Park）」と称した。（注：共和党議員はこれに反対したが郡はそ

マジソン郡公園内に設置された期日前投票所　The New York Times/Redux/アフロ

れを押し切って設置に踏み切った）これは違法行為である。

「公園民主主義」を推し進めたのはバイデン陣営であった。彼らは、公園に期日前投票に必要な証人まで用意し、あたかもこのやり方が合法であるかのような体裁を整えた。その上、法で規定される受付の期限（選挙日前14日から）前から受付を開始していた。明白な違法行為である。

有権者リスト非記載人物の投票容認

投票所における選挙委員会職員の重要な業務の1つは、投票者が有権者リストに登録されているかを確認し、現れた人物が本人であるか照合することである。6州の内3州（ジョージア、ネバダ、ウィスコンシン）で、この作業が蔑ろにされたことが明らかになっている。

ウィスコンシンでは、選挙管理委員が、監視委員の抗議を受け付けなかったことがわかっている。ジョージア州では、有権者登録がなされていない人物が投票していたことがわかっている。その数は2000にも及ぶ。

ペンシルバニアでは、選挙管理関係者が、有権者リストにない投票希望者をわざわざ別室に連れていき「何事かしていた」ことが目撃されている。別室には監視員はいなかった。別室には有権者資格判断委員（Judge of Election）がいて、投票できると勝手な判断をしたうえで、投票させていたらしい。

投票所における不法選挙活動

投票所・集計所で票を扱うものは基本的に政治的中立の立場を取らなくてはならない。政治的偏向は州法が禁じている。そうでありながらミシガン、ペンシルバニア、ウィスコンシンではこれがまったく守られていない。

ペンシルバニアでは、選挙管理職員が「Voter Protection」なる政治組織のキャンペーングッズを身に着けていた。この組織は100%民主党の資金で運営されている団体である。選挙関係者がそうしたグッズ（注：帽子、バッジ、Tシャツなど）を着用することは認められていない。

ミシガンの投票所では、「Black Lives Matter」と印刷されたTシャツを着たり、オバマ大統領とプリントされた大型バッグを持っていた選挙管理関係者がいたことが確認されている。開票所でも、集計担当員がバイデンやオバマのキャンペーンTシャツを着て作業にあたっていた。

ウィスコンシンでは、バイデン陣営の人物が投票所前に現れ、有権者に同陣営への投票を訴えていた。投票所敷地内に入っての選挙活動は違法であり、目撃者からの抗議があった。それにもかかわらず選挙管理関係者は当該人物を排除していない。

選挙管理関係者による票の違法な修正

通常のケースでは、投票用紙への記載ミスがあった場合、投票所担当者あるいは投票者による修正は認められている。19の州では、ミスを発見した投票所担当者は、それを投票者本人に指摘したうえで修正させる。その上で有効票となる。そうした修正を認めていない州もある。例えば票に署名がなかったりすれば無効票にしなければならないと州法が定めている。

ペンシルバニアは修正が認められていないにもかかわらず、投票所担当者はそれをさせ

表7　合衆国憲法修正第14条違反行為（平等条項違反）

	AZ	GA	MI	NV	PA	WI
投票所投票者に対する厳しい身分証明要求	+	+	+	+	+	+
票修正基準の変更	+	+	+	+	+	+
開票監視員への扱いの党派的偏向	+	+	+	+	+	+

注:+:証拠証言多数

ていた。この違法行為に対して起きた提訴資料によれば、民主党支配の郡で、郵便票に記載ミスがあれば（積極的に）修正していたことが指摘されている。投票用紙の署名と封筒署名に不一致がある場合がそうしたミスにあたる。担当者は、投票者本人にコンタクトし修正させていた。

また同州では、集計機が受け付けないミスを発見すると勝手に修正し読み込ませていた。約4500票にそうした修正があったと指摘されている。これは州法違反である。

平等条項違反

合衆国憲法修正第14条は、法の下の平等保護を規定する。これは共和国の根幹をなす法理念であり、いかなる州もこれを遵守しなくてはならない。

表7は、合衆国憲法修正第14条（119頁参照）への主たる違反行為3つを州別に掲げたものである。一見し

てわかるように、全6州で違反があった。

投票所投票者に対する厳しい身分証明要求

まず指摘されているのは、投票所における厳しい身分証明要求である。不在者・郵便投票の場合に比べて、実際に投票所に足を運んだ有権者に対する身分証明は厳格に要求された。これはバイデン候補を利する行為である。トランプ大統領支持者は、(郵便投票を信用せず) 実際に投票所に足を運ぶものが圧倒的に多かった。逆に不在者・郵便投票はバイデン候補に極端に偏っていた。州によっては4分の3がバイデン票であった。(注：トランプ候補に投票する有権者に対してのみ厳しいプロセスが取られた)

不正票や票の杜撰な管理が疑われているのは不在者・郵便投票についてである。つまり、そうした票での不正はバイデン候補に有利となるのである。不在者・郵便投票と投票所における有権者本人確認の不公平な取り扱いは、共和党系選挙監視員の排除で助長された。

ジョージアとミシガンでのケースはその典型例である。ジョージア州では、投票所投票には厳しく身分証明（ＩＤ）が求められた。ミシガン州ではＩＤなしで投票が認められるが暫定票として扱われる（注：後日ＩＤが確認されるまで有効票とならない）。ところが両州の郵便投票では、前回選挙で有権者登録をしていれば、ＩＤ照会を不要にした。

こうしたやり方は不正投票の温床となる。不正投票でバイデン候補を有利にしようと企む者は、過去の投票記録が残っている住民を狙った。そうした人物に成りすまして投票しても、不正がバレる可能性は低い。多くの証言があるように、投票所に足を運んだ有権者が、投票済だと言われたケースが見られた（注：何者かのなりすまし投票）。ジョージア州では、そうした訴えが最低でも14出ている。ウィスコンシンの郵便投票では、第三者の証人署名が封筒の所定の箇所にされていなくてはならないが、それがなくても有効票になっている。

票修正基準の変更

票修正基準の変更で平等条項（修正第14条）に定められた権利が毀損されていたことが全6州で確認されている。修正を認める基準やプロセスが、民主党勢力の強い選挙区では著しく緩和されている一方で共和党勢力の強い選挙区では法に則った厳格な基準が適用されていた。

ペンシルバニアではこの差が目立っていた。その理由はブックバー州務長官による修正を容易にする違法通達にあった。民主党系選挙区ではこの通達に従い、共和党系選挙区は、この違法通達に従うことを拒んだ。

アリゾナでも修正基準について、投票所での票と不在者・郵便票の扱いで大きな差があった。郵便投票については選挙日5日前までの修正を認める一方で、投票所では、集計機の扱いもわかっていない選挙管理委員会担当者がいい加減な修正を指導した。その結果、多くの票が無効票となった。（注：投票所での投票はトランプ票が多い）

開票監視員への党派的偏向扱い

ほとんどの州で、政党及び選挙管理委員会は、選挙監視員を指名することができる。監視員は登録有権者でなくてはならず、監視作業にあたっては監視員である証明書を選挙監視責任者に提示しなくてはならない。

監視員は、その党派にかかわらず、集計作業の監視が可能な距離に近づけることは当然である。しかし民主党が強いデイン郡（ウィスコンシン州）、ウェイン郡（ミシガン州）では、共和党の監視員は、集計所への入場を拒否されたり、集計作業台から遠ざけられるなどした（注：遠ざける理由にコロナウイルスが使われた。民主党はこの病を徹底的に利用した。民主党系医療官僚〔ディープステイト〕が、これに協力していたことについては後述する）。

ジョージアでは、集計担当者が共和党監視員を無視したり、ペンシルバニアでは、共和党監視員だけが集計所から排除されたりした。このように支持政党によって、異なる扱いをすることは平等条項に定められた権利の侵害である。

表8　集計機の異常

	AZ	GA	MI	NV	PA	WI
不正確な集計	+		+	+		
説明のつかないバイデン票への付け替え・突然の増加	+	+	+			

集計機の異常

現在投票集計作業は、全米50州で機械化されている。スキャナー、集計機などのハードウェアおよびそれに使用される集計ソフトは便利である一方で問題もある。投票機には、紙製の投票用紙を読み取るスキャナータイプ、あるいは電子画面から直接入力するタイプなどがある。

2020年の大統領選挙では集計機に関わる異常は2つあった。1つは不正確な集計でありもう1つは説明のつかないバイデン票の突然の増加である（表8）。

不正確な集計

先の選挙における不正確な集計は広範囲にわたっていた。その原因は怪しい会社であるドミニオンが製造した投票機器が全米28州で使用されたからである。同社のルーツは、ベネズエラの独裁者ウゴ・チャベスが自身の選挙を有利にするために開発させた集計プログラムにある。同社は、クリントン財団とも深い関係にある。同社製品にはスマートマチック社製ソフトウェアが使われているが、スマートマチック社はジョージ・ソロスとの関係が強い。

またアジリス署名照合機の問題もあった。ネバダ州クラーク郡は民主党の強い選挙区であるが、アジリス機を導入していた。ここでのおよそ13万の郵便票の署名照合は同機によった。カーソンシティ（注：ネバダ州都、カリフォルニア州境に近い）の裁判に提出された資料によれば、同市の選挙管理委員会は、同機の照合精度を意図的にメーカー基準より低く設定していた（注：低い精度設定で偽署名票を有効にさせるため）。クラーク郡でも同様な設定変更がされており、有権者照合プロセスの信頼性を損なわせていた。

アジリス機については、実験を通じてその精度が低いことは証明されていた。メーカー設定値を使った実験でさえも精度は50%程度であった。クラーク郡は、メーカー設定値をさらに下げたのである。

より根源的な問題は、ネバダ州法は署名照合は人間の目による確認を求めている。照合作業に機械を導入すること自体が違法なのである。

アリゾナ州では、集計機で読み取れなかった票について再度読み込み可能か確認させるためのソフトウェア（ノヴァス6・0・0・0）を使用していた。ケリー・ウォード（アリゾナ州共和党議長）はこのソフトの問題を指摘（提訴）している。その資料によれば、ノヴァス6・0・0・0の精度は低く、票が付け替えられる（注：トランプ票からバイデン票へ）ことが多々あると指摘している。

説明のつかないバイデン票への付け替え・突然の増加

説明のつかないバイデン票の突然の増加の典型例はアントリム郡（ミシガン州）で起きている。ここでの集計はスマートマチックソフトウェアを使ったドミニオン集計機に依っていた。ここは従来より共和党勢力が強い地区であったが、党員登録の数字あるいは過去の投票パターンと大きく異なる結果が出ていた。そのため再集計が行われたが、その結果、6000のトランプ票がバイデン票に付け替えられていたことが判明した。

アントリム郡は当該集計機の科学的検証（注：詳細は第4節）を実施したが、そのエラー率は68％という驚くべき数字であった。連邦選挙管理委員会は、集計機の許容誤差率は0・0008％までとしている。

ドミニオン機の問題はこれに留まらない。アントリム郡に設置されていた集計機は敵対外国勢力がハッキングしていた可能性を記録していた。集計機には、インターネット接続があった場合、それを記録するが、その記憶デバイスが消えていた。集計に関わるデータは選挙後22カ月の保存が義務付けられている。データの紛失（注：あるいは盗難）は州法に違反する。前回の選挙データ記録は残っているにもかかわらず、2020年の大統領選挙では消えている。ドミニオン機については、アントリム郡の調査からもわかるように、より広範囲な調査が他州でも必要である。

ドミニオン集計機の怪しさを示す事象はジョージアでも起きている。同州では（開票の途中経過で）バイデン票が2万増える一方で、トランプ票が1000減るという「事件」も起きていた。（注：開票済のトランプ票が減ることはあり得ないが現実に起きていた）

統計的異常

2020年大統領選挙での統計的異常は4つに分類できる。表9はそれを示したものである。

不在者・郵便投票無効率の激減

不在者・郵便投票が無効になる原因はいくつかある。無署名、署名の不一致、受付期間外の受領、封筒のない裸票、不正確な記入などである。先の大統領選において、ジョー・バイデンは不釣り合いなほどの大量の不在者・郵便票を集めた。それとシンクロするよう

表9　統計的異常

	AZ	GA	MI	NV	PA	WI
不在者・ 郵便投票無効率の激減		+		+	+	
投票率の激増 （100%超える選挙区あり）	+	+	+	+		+
党別有権者登録リストの 数字	+					+
過去の選挙パターンからは あり得ない投票数 バイデン票の突然の増加		+	*			+

に、そうした票の無効率が減少した。それが目立ったのはネバダ、ペンシルバニア、ジョージアの3州だが、とりわけジョージアのそれは際立っていた。無効票率は以下の通りである。

	2016年	2020年
ネバダ	1・6%	0・58%
ペンシルバニア	1・0%	0・28%
ジョージア	6・8%	0・34%

この数字は、民主党選挙関係者が、無効票を減らすために判定基準を意図的に緩和させていた可能性を示唆している。これによって選挙結果が左右されたことは単純な計算でわかる。

例えばジョージア州であるが、同州では

132万1554の不在者・郵便票があった。仮に2016年の数字をつかった推定では8万1321票が無効になるが、2020年の無効票はわずか4489票であった。

不在者・郵便票はバイデンに偏っていた。仮に60％がバイデン票であったと仮定（注：低めの数字）すれば、バイデンには1万6264票の無効票が上乗せされていることになる。この数字は同州のバイデンリード票（1万1779）を容易に覆す。

注：　2016年の無効票率を用いた合理的な推計

推定無効票総数	8万1321
うちバイデン票	8万1321×60％＝4万8792
うちトランプ票	8万1321×40％＝3万2528
バイデンに上乗せされた無効票	1万6264
バイデンリード票	1万1779

100％を超える投票率

有権者登録者数を超える投票があれば不正があったことになる。先の大統領選挙での投票率の高さは異常であった。有権者登録当日受付を実施した州では有権者数を投票者数が上回った。

マリコパ郡（注：大都市フェニックスがある）のあるアリゾナ州は有権者登録当日受付を認めていない。そうでありながら同郡では、民主党支持者に登録された有権者数を30％超える投票がバイデンにあった。MIT（マサチューセッツ工科大学）で学んだ統計学者の分析（裁判での証拠文書）によって、ドミニオン集計機のソフトウェアに（不正な）アルゴリズムの組み込みの疑いがあることがわかっている。

元NASA（米航空宇宙局）職員であったラス・ラムズランドのウェイン郡（ミシガン州）での証言によれば、同郡全47地区がドミニオン集計機を使っており、そのうちの46郡で投票率96％を示し、25地区では、100％を超えていた。ミシガン州は当日有権者登録を認めているが、それでもあまりに高い数字である。

ウィスコンシン州も当日有権者登録を認めているが、2016年の数字と比べると異常に高い投票率となっている。例えばミルウォーキー市では84％（2016年は75％）となっていた。同市には327の投票所があるが、90カ所で投票率は90％を超えていた。

過去の選挙パターンからはあり得ない投票数

これまでの選挙の傾向から、共和党の強い選挙区ではトランプ票が、民主党の強い地域ではバイデン票が多くなるのが普通に考えられるパターンである。今回の大統領選挙では、こうした結果になっていない。そうした場合、不正、集計機の不正操作、不正確な読み取りが疑われる。アリゾナ州第5下院選挙区では、２０１６年には67・４％のトランプ票がありながら、２０２０年の選挙では58・５％に激減していた。これは、違法なダブル投票が原因だった。

バイデン票の突然の増加

選挙日の翌早朝（11月4日）、ジョージア、ミシガン、ウィスコンシン3州で、バイデン票の異常な伸びがあった。（注：バイデンジャンプ）ニューヨークタイムズの投票信頼性プロジェクト（Voter Integrity Project）もバイデンに偏った異常な票の伸びがあったことを認めている。これは不正投票があったことを示唆する。

ジョージア州のケースでは、11月4日午前1時34分に、13万６１５５票がバイデンに投じられた一方で、トランプ票はわずか2万９１１５票だった。ミシガン州では同日3時50分に、バイデン票5万４４９７、トランプ票４７１８が、ウィスコンシン州では同日3時42分に、バイデン票14万３３７９、トランプ票２万５１６３が投じられた。

選挙の公正性を担保しようとしない州議会・州司法

ここまでの分析が明らかにしているように、州ごとに特徴はあるものの、2020年の大統領選挙で現れた数字はあまりに異常であった。異常のすべてがジョー・バイデンを有利にした。

例えばアリゾナ州であるがここでのバイデンリード票はわずか1万457である。この州では統計的には不可能な投票率（特にマリコパ郡、ピマ郡）や不適切な票管理があった。署名・有権者確認の基準が大幅に緩和された160万もの郵便票（バイデンに集中）があった。その一方で投票所での当日投票（トランプに集中）での本人確認は厳重だった。

ジョージア州のバイデンリード票もわずか1万1779である。同州は、郵便投票の署名確認基準を緩和させる違法行為があった。同州では、真夜中にテーブルの下に隠された票が10万以上も現れ、監視員やメディアのいない時間に集計機でカウントされていた。言うまでもなくこのマジックでバイデン票が突然の伸びを見せた。

全6州で、共和党系監視員に対するいやがらせも確認されている。最も悪質だったのはミシガン州である。集計所の窓をボードで覆い隠し、集計所に入ろうとする監視員を力づくで止めた。ウェイン郡にあるデトロイトの行為は特に悪質だった。ここでは（違法行為を問題視した）選挙結果承認委員会の二人の委員（共和党系）が、承認を拒否した。しかし、

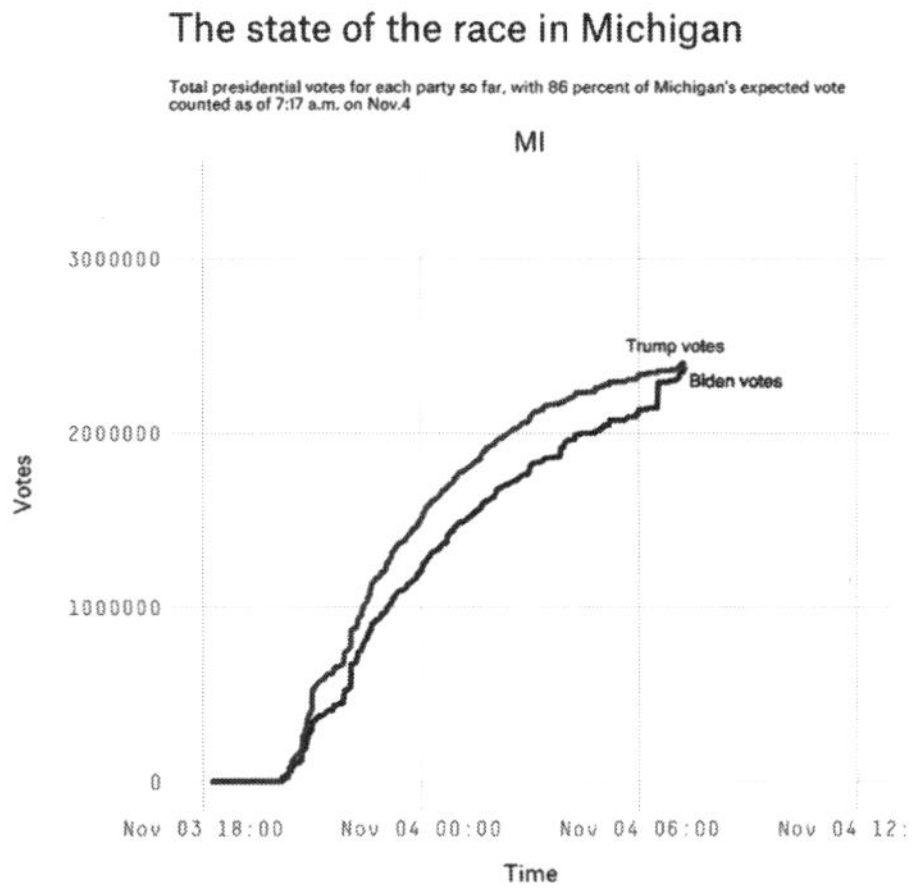

2020年11月4日午前7時過ぎにミシガン州で見られたバイデン票の突然の増加（バイデンジャンプ）

二人には激しい脅迫やプライバシー暴露があり、決定を変えさせられた。

ネバダ州のバイデンリード票もわずか3万3596であった。ここではアジリス署名照合機および投票機器の異常で本来は無効票であったものが有効票にされたと疑われる票がおよそ13万あった。州外居住者や州民登録の要件を満たさない者の票も多い。民主党陣営による原住インディアン票の買収もあった。

ペンシルバニア州務長官は、裸票を有効にさせる不法通達を出した上に、同州最高裁の是正命令も無視した。票の修正プロセスも不法なやり方をとらせ、票の期限内受付義務も守っていない。また同州ではジョージア州のケースと同様に、テーブルの下に隠した偽票がカウントされた上に、偽造投票用紙が使用された疑いもある。これについては、ニューヨーク州で印刷された偽投票用紙10万枚をペンシルバニアに運んだというトラック運転手の証言がある。運転手が運んだ票とそのトレーラーの行方はわかっていない。偽投票用紙は、バイデンを勝利させるのに十分な数である。

ウィスコンシン州では、17万の郵便票が不正が疑われるプロセスで投じられた。同州のバイデンリード票はわずか2万682票であった。同州では、（コロナウイルスを口実とした）投票所に足を運べない者による多数の郵便投票があったが、その数はバイデンリード票の5倍を超えていた。

民主党系の州選挙担当者が「ずる（cheated）」し放題の状況を作り出し実行している一方で、共和党系の政治家・官僚・判事たちは、抗議もせず沈黙した。6州のうち5州（アリゾナ、ジョージア、ミシガン、ペンシルバニア、ウィスコンシン）では、州議会上下院とも共和党が多数派である。州議会は、本報告書で指摘した数々の不正行為やそれが疑われる行為を調査する権限を持っている。彼らは、何らかの政治圧力にひるんだのである。黙り込むことで憲法上の義務を放棄した。それは当該州民にだけでなく米国民全体への裏切りである。

議員だけでなく、二人の共和党系知事（アリゾナ州ダグ・デューシー知事、ジョージア州ブライアン・ケンプ知事）の責任も重い。不正や違法が疑われる事例が多数指摘されていながら何もしていない。

司法は選挙不正問題に対する最後の砦である。そうでありながら州・連邦どちらの裁判所も、審理に及び腰である。連邦最高裁判所でさえそうである。彼らの前には、ここにあげた数えきれないほどの「異常」が提示されていた。司法の態度は、国民に対する背信であり、わが国共和国制度の根幹を危うくしている。

結論

本報告書は、トランプ大統領再選阻止にむけた入念な工作があったことを明らかにしている。激戦6州で発生した異常には共通性がある。つまりバイデン候補に有利になるような大きなスケールの仕掛けがあったのである。

民主党の、「投票箱を不正票で溢《あふ》れさせる戦略（Stuff the Ballot Box）」があったことは、テキサス州による連邦最高裁への訴状（注：訴状内容は後述）で明らかである。

民主党系の州官僚（ジョージア、ミシガン、ペンシルバニア、ウィスコンシン）は、コロナウイルス感染防止を理由にして、議会の持つ権限を侵し、州選挙規則を変更した。これは州憲法に違反する。彼らは、行政命令、（民主党系判事の出した）民主党に有利な司法判断をも利用した。その結果、（国民の）選挙への信頼を大きく毀損したのである。

テキサス州は、「民主党の戦略は、郵便投票・（違法に設置された）投票箱を利用しながら不正票で溢れさせるものであった。その上、票の管理もずさんであった」、「同時に、署名照合基準を緩和し、選挙の公正性も損なった」と主張したが、連邦最高裁は、この訴えを受理しなかった。

ここまでに明らかにした異常（不正行為）は、テキサス州の訴えと整合性がある。本報告書の結論は以下の4点である。

1　本報告書で挙げた証拠や異常に鑑みれば、「不正の証拠はどこにもない」と主張することは無責任である。特に主要メディアのそのような報道には問題がある。

2　明らかにされた異常や不正行為によるバイデン票の数は膨大である。明らかな不正票だけを無効とするだけでも、トランプ大統領勝利という選挙結果になる。

3　6州の異常（不正行為）には共通のパターンが見られる一方で、州によって特徴的な現象もあった。

4　先の大統領選挙は、いくつかの異常（不正行為）の総合によって「盗まれたもの（theft）」である。

第2節　第2次ナヴァロ報告書「芸術的選挙泥棒」

２０２１年1月5日

民主党とその工作員は、「役に立つ愚かな連中（Useful Idiots）」（注：自身が政治利用されていることを気づかない人物の意）を使って、ドナルド・トランプの勝利を「盗んだ（stole）」。

彼らは、６つの激戦州（アリゾナ、ジョージア、ミシガン、ネバダ、ペンシルバニア、ウィスコンシン）で、投票箱を不正票で溢れさせた。不在者・郵便投票を違法に利用し、地滑り的トランプ大統領の勝利を、僅差によるバイデン勝利にすり替えた。

彼らの手法には2つのステップがあった。第一段階は、激戦州で不在者・郵便投票を激増させるものである。続く第二段階で、そうした票のチェックプロセスを極端に緩和させ有効票にする仕組みを作ることである。選挙監視の「警官」である選挙監視委員を現場から遠ざけることもした。この結果、上記激戦州では、大量の不正票が投票箱に投じられた。地滑り的勝利の票差を覆すほどの膨大な数であった。

民主党は、表面的には合法的にみえる手段を取った。州議会や州政府の決め事を通じて、

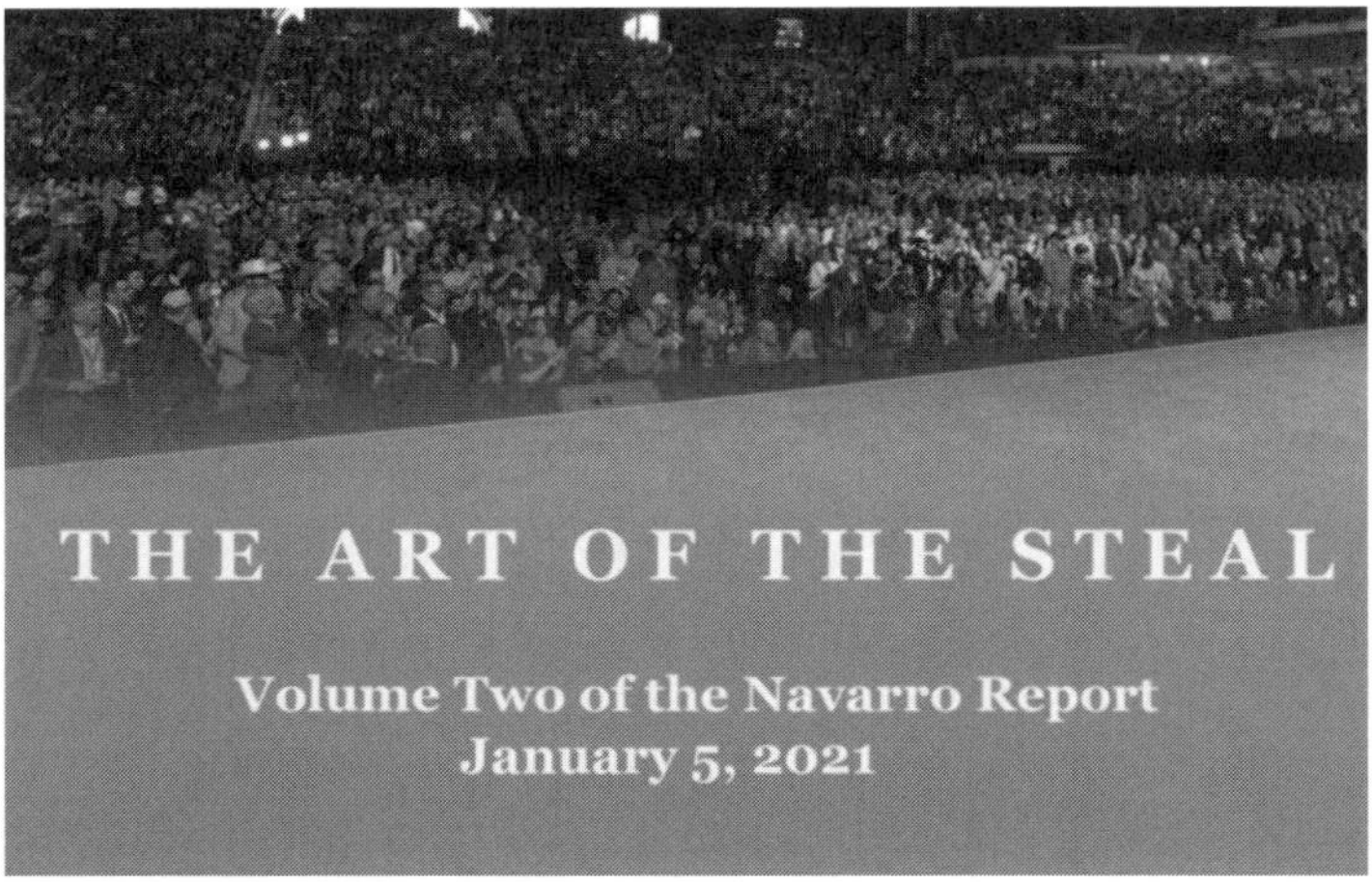

第2次ナヴァロ報告書の表紙

（実質的には）非合法な選挙結果を実現した。しかし、民主党工作員の中には、合法的にみせるという民主党の戦略を逸脱して、法を枉《ま》げたり犯した者がいた。法や規則はわが国の選挙制度の信頼性を担保する神聖なツールであるにもかかわらず、平然と蔑ろにされた。

民主党は、州議会が定めた選挙規則を勝手に変更した。規則の変更や新規則のご都合主義的導入は州務長官やその監督下にある選挙管理部門が実行した。（民主党系判事の支配する）裁判所の司法判断も利用した。さらに「政府・民間パートナーシップ（Public-Private Partnership）」思想（注：政府事業に民間資金を積極的に導入しても構わないとする考え）を利用し、民間組織から得た資金で、選挙管理プロセスを民主党有利に変えていた。こうした行為は、民主党勢力が強いミシガン州ウェイン郡（注：デトロイトがある）やウィスコンシン州デイン郡で特に目立っていた。

第一段階には

6つのステップがあった。

1　不在者・郵便投票を大幅に増やす

2　そうした投票に関わる有権者確認プロセスを緩和する

3　すべての有権者に不在者・郵便投票申込書を発送する（注：従来規則では有権者からの申し込みが必要）

4　投票箱を合法的にあるいは非合法的に増設する（注：民間資金を利用し、不在者投票用紙を投函できる投票箱（drop box）を増設する行為を指す。バイデン票が増加するように、投票箱は民主党支持者の多い地区に偏って設置された。マーク・ザッカーバーグ（フェイスブック）は、NGO団体を通じておよそ5億ドルを寄付しているが、そうした資金が流用された）

5　（違反行為である）票取りまとめを推進する

6　民主党に有利な設計がされた集計機システムを採用する

第二段階は、有権者確認基準の大幅緩和である。基準の緩和は、主として不在者・郵便投票において実施された。以下の4つの行為がそれにあたる。

1　身分証明書確認基準を緩和する
2　署名確認機器の照合基準（精度）を低く設定する
3　封筒にはいっていない裸票を有効票としてカウントする
4　合法・非合法の手段を問わず開票集計作業の監視を妨害する

民主党工作員は、この戦術を正当化するために中共ウイルス（the Chinese Communist Party Virus）を利用した。不在者・郵便投票の推進は、中共ウイルス感染防止を理由にした。この結果、不正（が疑われる）票が大量にカウントされ、圧倒的なトランプ大統領の勝利が、バイデンの僅差での勝利に変えられた。民主党の工作を可能にしたのは、ジョージ・ソロスに代表される金融資本家（ウォール街）、フェイスブックCEOマーク・ザッカーバーグら（シリコンバレー）の支援があったからである。2016年選挙でヒラリー・クリントン選挙キャンペーンの参謀であったマーク・エリアスも関与している。エリアスは、トランプ大統領当選後にありもしないロシアゲート疑惑を、調査会社フージョンGPS社を使ってでっち上げた人物である。（注：フージョンGPS社を使ったロシアゲートでっち上げ疑惑の詳細は、拙著『アメリカ民主党の崩壊』第6章「ヒラリーの創作したロシアゲート」に詳述）

ソロスが提供した資金は、州選挙ルールを変更させる過程で利用された。ソロスと彼の作り上げた組織（例えば「州務長官プロジェクト」委員会）は、思い通りに動いてくれる州務長官の擁立に成功した。ジョセリン・ベンソン（ミシガン州務長官）やキャシー・ブックバー（ペンシルバニア州務長官）がそうである。彼らは選挙管理規則を枉げたり非合法行為を黙認することで不正票を大幅に増加させる役割を果たした。ザッカーバーグは5億ドル近い資金を提供している。彼の資金は、「政府・民間パートナーシップ」思想を悪用して利用された。本来なら不偏不党であるべき選挙管理プロセスが、民主党有利に変更された。民主党勢力の強いミシガン州ウェイン郡やウィスコンシン州デイン郡でこれが目立った。

ジョージア州知事ブライアン・ケンプ、同州務長官ブラッド・ラッフェンスパーガーも「役に立つ愚かな連中」の仲間だった。不在者・郵便投票を激増させる一方で、不正票を排除するプロセスを蔑ろにした。こうした行為を可能する州法を成立させた州議会議員もまた「役に立つ愚かな連中」であった。

民主党の戦略は、民主主義でもっとも重要なそして神聖なプロセス（公正な選挙管理システム）を破壊し、選挙結果を予め決めてしまうものだった。アメリカンデモクラシーに強烈なボディブローが浴びせられたのである。米国民は、メリケンサックでその顔面を強打されたようなものであった。

民主党とその工作員は、（少なくとも現段階では）選挙を盗むことに成功し、その責任も問われていない。これはわが国のメディア、州議会・州政府、ワシントン議会、更には司法システム（州レベル、連邦レベルを問わず）までが機能不全に陥っていることを示している。

第1次報告書（想像を絶する欺瞞）およびこの第2次報告書（芸術的選挙泥棒）の内容から明らかなように、選挙不正行為や計画された「選挙泥棒」の批判に応える調査（a full investigation）がなされなくてはならない。調査は直ちに開始されるべきである。わが国は、国民の多くが正当性を持っていないと考える人物が大統領に就任するリスクに直面している。

筆者（ピーター・ナヴァロ：ホワイトハウス国家通商会議委員長）は、第1次報告書を2020年12月17日に発表したが、その後、民主党やその工作員がいかにして「想像を絶する欺瞞」を成功させたかより詳しく知りたいという要望が相次いだ。それへの回答が本報告書（第2次報告書）である。

ここでは、民主党のとった戦略「投票箱を不正票で溢れさせる戦略（Stuff the Ballot

Box)」の詳細分析を行った。アメリカ国民（そして心ある政治指導者）は、選挙の公正性とその結果の正当性を強く疑っている。本報告書を通じて、先の大統領選挙（注：同時に上下院選挙も行われているので総選挙と訳すのが正確だが、便宜上大統領選挙とした）に対する基本的な疑問のいくつかに答えたい。

いま国民は次のような疑問を持っている。

＊民主党は、共和党に気づかれることなくそしてまた彼らの反撃にあうことなく、いかにして「想像を絶する欺瞞」を成功させることができたのか？

＊彼らの計画はいつ頃から始まったのか？

＊彼らの行為のどの部分が非合法なのか？

＊民主党やその工作員の行為のどれ程が法や規則の許容範囲と解釈されるのか？

民主党の大戦略「投票箱を不正票で溢れさせよ」

本項ではまず、民主党が進めた「投票箱を不正票で溢れさせる戦略」を俯瞰的にとらえたい。図1は投票箱を不正票で溢れさせる戦略の概念図である。

民主党は図1が示す戦略で、6つの激戦州（アリゾナ、ジョージア、ミシガン、ネバダ、ペンシルバニア、ウィスコンシン）で決定的だったトランプ大統領の勝利を覆した。

図1　「投票箱を不正票で溢れさせる戦略（Stuff the Ballot Box）」概念図

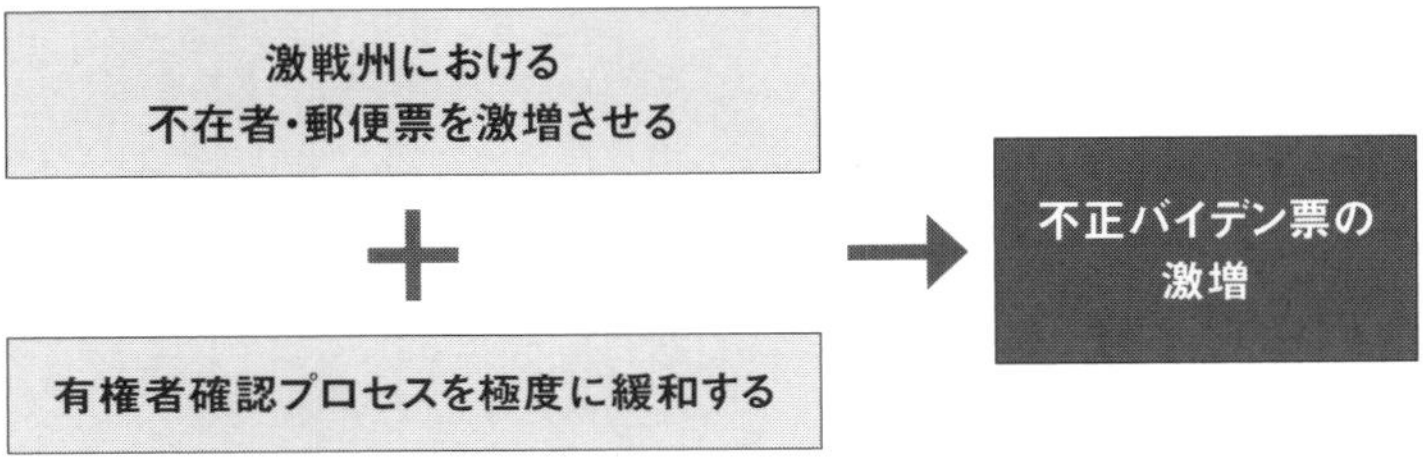
激戦州における
不在者・郵便票を激増させる
＋
有権者確認プロセスを極度に緩和する
不正バイデン票の
激増

戦略の第一段階は、不在者・郵便投票の数を劇的に増やすことであった。これは激戦６州すべてで実行された。不在者・郵便投票は、不正票の温床になることは２００５年に発表された「カーター・ベイカー委員会報告書」が指摘している。ジミー・カーター大統領およびジェイムズ・ベイカー国務長官がそう結論付けている。民主党は、有権者確認プロセスの緩和を進めた。不在者・郵便投票では有権者確認が難しい。そうでありながらその確認作業をより緩和させた。目立たない動きだったため国民がその危険性を認識できなかった。不正票を排除するガードシステムが破壊された結果、不正票が激増したのである。

表１は、上記の目的を達成するために民主党がとった戦術の一覧である。合法的なものもあるがそうでないものもある。

表にある政府・民間パートナーシップには、マーク・ザッカーバーグやジョージ・ソロスからの資金が提供されている。州毎にばらつきがあるが、６州すべてで何らかの手法が取ら

表1　民主党のとった戦術

	AZ	GA	MI	NV	PA	WI
州法の変更			+	+	+	
州規則の変更		+	+	+	+	
（州務長官による）州規則の変更				+		
（州政府官僚による）選挙管理者指導			+	+	+	+
（民主党有利になる選挙運営、管理の指導）州裁判所判断	+	+	+	+	+	+
（民主党有利になる州法、州規則の合法解釈）裁判所による民主党有利な指導及び州民の要望書			+	+		
政府・民間パートナーシップ	+	+	+	+	+	+
プロパガンダ	+	+	+	+	+	+

（民主党に有利になる変更を州民に納得させる広報行為）

れていた。その程度が悪質なのは州政府（知事）も議会も民主党が牛耳っているネバダ州であり、すべての手法が使われていた。ネバダ州に続くのがミシガン、ペンシルバニアで、知事はともに民主党である。

表2は、不在者・郵便投票の数を増やすために民主党が用いた手段を示している。

表3は、表2に示した行為に実効を持たせるために使われた具体的手段を示したものである。注意したいのは、こうした手段のほとんどが表面上「合法的に」進められたことである。しかし、すべてがそうであったわけではない。議論の余地はあるものの、法や規則を明らかに犯

表2　激増した不在者・郵便投票の原因

	AZ	GA	MI	NV	PA	WI
不在者投票及び郵便投票ルールの緩和	+	+	+	+	+	+
不在者・郵便投票一般化				+		+
不在者・郵便投票申込可能可		+	+			+
選挙日前投票箱増設		+	+		+	
選挙日前投票箱不法設置		+	+			+
票取りまとめ行為容認	+	+		+		+
不正しやすい票集計システム採用	+	+	+	+	+	+

していたものもあった。

州議会による選挙関連法・規則の変更

ミシガン、ネバダ、ペンシルバニアでは、2020年選挙に向けて、それぞれの州における選挙関連法を変更した。

例えば、ネバダ州知事スチーブ・シソラク（民主党）は予備選後に特別議会を招集し、選挙関連手続きを変更させることに成功した。有権者の本人確認を求める基準は、中共ウイルス（CCP Virus）感染防止を理由に緩和された。同州法第4号がその典型である。

ペンシルバニアでは、同州知事トム・ウルフ（民主党）が、共和党が多数派の

表3　不在者・郵便投票における有権者照合プロセスの大幅緩和

	AZ	GA	MI	NV	PA	WI
本人確認ルールの緩和	+	+		+		+
署名確認機の認識精度の故意の低減	+	+		+		
裸票の違法集計		+				
マーキング等修正の増加	+	+		+		+
選挙監視の緩和		+	+		+	

（注:故意にマーキングのミスを誘導し、民主党系選挙関係者が、バイデン有利に修正記入する行為あるいは住所の書かれていない票を有効票に変える行為など）
（注:法で定められた監視員のいない場所・時間での集計）

議会であるにもかかわらず成立した州法第77号に署名した（2019年10月31日）。同州の歴史上見られなかった大幅な選挙手続の変更であった。（注：共和党には名前だけの共和党員（RINO：Republican In Name Only）が少なくないこと示す事象である）

第77号による変更は多岐にわたっていた。これまでは不在者投票の申し込みには正当な理由が必要だったがそれを不要にした。不在者投票は選挙日50日前から郵便で可能になった。その上、常に不在者投票ができるように永久不在者投票者リストの作成まで決められた。

こうした変更が可能だったのは議会多数派の共和党議員も「役に立つ愚かな連中」だったからである。彼らは民主党の手のひらの上で踊った。レーニンは「役に立つ愚かな連中」をうま

表4　主な選挙関連法・規則の変更

	法律名	成立日	内容
ミシガン	州法第757号	2020年10月6日	人口2万5000以上の市、郡における開票集計期間の延長容認
ネバダ	州法第4号	2020年8月3日	郵便投票の一般化、票取りまとめ行為容認、郵便票受付締め切り日の延長、マーキング修正の拡大、署名照合条件緩和
ペンシルバニア	州法第12号	2020年3月27日	開票集計期間の延長容認
同	州法第77号	2019年10月31日	不在者投票一般化（不在理由説明不要）と受付期間の延長、永久不在者投票者リスト作成、有権者登録期間及び受付延長

く利用して革命を成就させた。ナイーブな政治家は、政治キャリアを有利にしたい私欲があるだけに工作に掛かりやすいのである。

第77号では、郡や市の新集計システム導入コストを州が負担することも決めた。予算は9000万ドルの州債発行で手当てした。

州務長官（行政）による規則変更

ジョージア、ミシガン、ネバダ、ペンシルバニアの州務長官は、州法を無視したルール変更を行っている。その結果不正票が容易に有効票としてカウントされる環境が作られた。彼らの権限（行政府権限）は州議会が法によって与えたものである。その権限を逸脱した変更を州務長官が行ったのである。

ミシガン州務長官ジョセリン・ベンソンは

ジョージ・ソロスの支援を受けてその地位についた。彼女は、2020年5月19日、2020年8月4日の予備選及び11月3日の大統領選で全有権者に郵便投票申請書を送付することを決めた（注：従来は有権者による申し込みが必要だった）。

ジョージア州務長官ブラッド・ラッフェンスパーガーは共和党員だったが、彼も、「役に立つ愚かな連中」の一人だった。2020年3月24日、彼はジョージア州全有権者690万人に不在者・郵便投票申込用紙を送付すると発表した。この不在者・郵便投票一般化（不在理由説明不要）は、5月19日の予備選、11月3日の大統領選を見据えて実施されたものである。

州選挙管理関係者（行政）による規則変更

州選挙管理関係者による規則変更も目立った。州務長官も議会も承認していない変更であった。これによって不在者・郵便投票が激増した。ジョージアのルール変更では、街角に一日中設置されている投票ボックスを使った投票が許された。この変更についても、「中共ウイルスの感染拡大防止」が理由となった。ジョージア州法は、選挙管理委員会のオフィスが閉じている時間に票を受け付けることを禁じている。投票ボックスの24時間設置は州法違反である。集計監視員への妨害があったのは、24時間屋外設置されていた投票箱に

ジョージア州務長官ブラッド・ラッフェンスパーガー（共和党）　AP/アフロ

相当数の不正票が放り込まれていたのが理由ではなかったかと疑われる。

ウィスコンシン州選挙管理委員会も同州法の禁じるマーキング等修正に関わる変更を実施した（2016年10月18日）。例えば住所非記載票は無効になるはずであるが、管理委員会の判断で有効票にできることになった。これは同州法第6・84及び6・86号に違反する行為である。州法ではそうした票は原則的にカウントされない（無効となる）と規定されている。

こうした変更が着々と行われている一方で、共和党（議員）は拱手傍観《きょうしゅ》した。この変更以降ウィスコンシンでは11回の選挙があったが、何の抗議もしていない。彼らがようやくこの変更の持つ意味に気づいたのは11月3日の大

ジョージア州ディケーターに設置された投票箱　ZUMA Press/アフロ

統領選後であった。選挙結果を郵便票が左右したことがわかってからのことである。共和党からの抗議の有無にかかわらず、同州選挙管理委員会の実施した変更は違法である。

州務長官ガイダンス（通達）に関わる問題

ミシガン、ネバダ、ペンシルバニア、ウィスコンシンでは、州務長官および州政府官僚は、州議会および選挙関係者の頭越しにガイダンスと呼ばれる通達を出した。その狙いは不在者・郵便投票の数を増やす一方で、有権者照合プロセスをないがしろにすることであった。注意すべきは、こうした通達は州選挙法に明確に違反していることである。

特に目立ったのはミシガン州務長官ジョセリン・ベンソンとペンシルバニア州務長官キ

ヤシー・ブックバーの二人の動きであった。二人ともジョージ・ソロスの影響（支援）を受けている政治家であり、過激リベラル派の典型である。二人は「州務長官プロジェクト」なる政治団体の支援で当選したが、この組織にはジョージ・ソロスと「デモクラシー連盟（the Democracy Alliance）」なる団体の資金が入っている。（注：デモクラシー連盟は進歩リベラル派の政治組織・政治家への献金団体。強力な資金力がある）

「州務長官プロジェクト」は、激戦州において過激リベラルの操り人形を州務長官に据えるプロジェクトである。そうした政治家は州法を喜んで枉げ、法を破ることも平気である。２０２０年大統領選で彼らの狙いは成就した。

典型例はブックバー州務長官が２０２０年9月15日に発した通達だった。彼女は、不在者・郵便投票において署名確認をしなくてよいと命じたのである。選挙管理者が、署名不一致を現認しても無効にするなという命令であった。「署名確認チェック条件緩和」もここに極まったのである。

ブックバーの州法無視はこれにとどまらない。11月3日の選挙日の数日前に、有権者本人確認ができない票の修正可能期間を11月12日まで延長した。この通達も州法違反であった。ペンシルバニア州最高裁は、この行為は州務長官に委ねられた権限を逸脱していると判断した。しかしソロスの操り人形の彼女は意に介さなかった。

ブックバー州務長官は、郵便投票受付期限の延長も決めた。その理由は米国郵便公社の配達に信頼性がないからというものだった。この件についてはペンシルバニア州共和党は抗議している。同州は共和党が多数派である。州議会総務のジェイク・コーマン議員は「州務長官は、選挙結果に影響する通達を、選挙日直前に出している。州政府そのものが選挙の武器になっている」と非難した。

民主党に有利な司法判断

国民は、司法までが民主党の大戦略（投票箱を不正票で溢れさせよ）の実現に一役買っていたことを目の当たりにした。判事たちも、「役に立つ愚かな連中」であった。問題なのは判事たちの目に余る積極的な政治的な動きであった。彼らは都合よく法を解釈することで、自身の政治信条を実現した。要するに判事たちも政治活動家だったのである。そうした司法判断の一部を表５に示した。

２０２０年9月10日にアリゾナ州連邦地裁判事ダグラス・レイズの下した判断をみてみたい。オバマ大統領に指名された彼は、記載に問題のある票の修正を選挙日後５日間延長しても構わないと判断した。その結果、本来なら無効票となるものが有効とされた。郵便票には投票者の署名が必要だが、それがないものも、選挙日5日目の午後5時までの修正

表5　民主党をサポートする司法判断

	係争案件	判決日	内容
アリゾナ	アリゾナ民主党対 Katie Hobbs	2020年9月10日	マーキング修正の選挙日後5日間の延長は合法
アリゾナ	Mi Famillia e Vota対 Katie Hobbs	同年10月5日	有権者登録期限の2週間延長は合法
ジョージア	Georgia for the People's Agenda対Brian Kemp	2018年11月2日	市民権証明のない永住権者の投票権容認
ミシガン	Robert Davis対 Jocelyn Benson	2020年8月26日	不在者投票一般化（理由説明不要）の合法化
ネバダ	Paher対 Cegavske	2020年4月27日	郵便投票の一般化合法化
ペンシルバニア	Pensylvania Democratic Party対 Kathy Boockvar	2020年9月17日	不在者投票受付期間選挙日3日後までの延長の合法化
ウィスコンシン	Sari Ratner Judge et al対 Board of Canvassers for the City of Madison	2020年10月23日	票取りまとめ行為の合法化

を認めた（注：トランプ支持者は選挙日当日投票がほとんどであり、郵便票はバイデン票とみなせる）。

2020年8月26日に、ミシガン州請求裁判所（Court of Claims）判事シンシア・スチーブンスによる判決にも問題があった。彼女は、民主党知事ジェニファー・グランホルム（任期：2003〜11年、バイデン政権エネルギー長官）に任命された。スチーブンス判事は、ジョージ・ソロスの操り人形であるジョセリン・ベンソン州務長官が進めた不在者・郵便投票の一般化を合法と判断した。それをうけて、ミシガン州有権者（770万人）すべてに11月3日の大統領選挙の不在者・郵便投票申込書が送られた。

司法への積極的政治介入

上記のような民主党有利の司法判断の背後には、民主党系組織による政治圧力があった。そうした組織が州政府の（選挙関連）官僚や判事にプレッシャーをかけた結果、従来の規則を大きく逸脱した、過激リベラル派に有利な法解釈や運用が実現した。

民主党有利の選挙制度変更や司法判断を狙う組織に資金提供したのがジョージ・ソロスである。例えば「ブレナン・ジャスティスセンター（Brennan Center for Justice）」なる組織は、ジョセリン・ベンソン州務長官の動きをサポートする活動を展開した。

上記のように同州務長官は11月3日の大統領選挙に向けて不在者・郵便投票の一般化を進めた。この行為を（ミシガン州の）有権者3人が違法だとして訴えを起こしたが、選挙日をまぢかに控えた8月26日に合法と判断されている。

「デモクラシー・ドケット（Democracy Docket）」も民主党有利の選挙ルール変更に貢献した。同組織はマーク・エリアスが立ち上げたものであるが、彼は2016年ヒラリー・クリントン選挙における同陣営選対部長だった。「デモクラシー・ドケット」は、激戦6州すべてで、民主党の「投票箱を不正票で溢れさせる戦略」に沿って活動した。各州の選挙ルール変更を違法と主張する住民からの訴訟に対して、州政府側を支援する弁護団を組織したりもした。彼らの介入は「ネバダ州の選挙制度の信頼を求めるプロジェクト（Election

Integrity Project of Nevada)」対ネバダ州の裁判で典型的に見られた。

「デモクラシー・ドケット」を組織したマーク・エリアスについてだが、彼は情報会社フュージョンGPS社と契約を結んだ責任者でもある。トランプ大統領を陥れるためにロシアゲート事件が創作されたが、偽の文書（注：フュージョンGPS社は元英国MI6エージェントであるクリストファー・スチールと契約を結び、トランプ大統領とロシアのプーチン大統領が共謀関係にあるとした偽報告書を作成した。これが大統領弾劾に利用された）を創作させたのがフュージョンGPSである。

この件（ロシアとの共謀疑惑）について、トランプ大統領への疑いは完全に晴れているが、司法省は出鱈目なロシアゲートをでっち上げた関係者に対してまともな捜査をしていない。起訴されたものもいない。結局、合法的に選出された大統領や政府高官を追い落とすための行為は何をやっても許されるという風土が出来上がってしまった。司法省の態度は今後に大きな禍根を残すであろう。

州民投票の悪用

民主党は、選挙ルールの修正を実現するために州民投票という手段も使った。ミシガン、ネバダで使われたこの手法は、言うまでもなく「投票箱を不正票で溢れさせる戦略」に弾

表6　州民投票を利用した選挙ルール変更

	州民投票日	修正内容
ミシガン	2018年11月3日	ストレイト投票（注:個別候補でなく党に投票:党公認候補全てに投票する行為）、有権者登録の自働受付（容易化）、理由問わない不在者投票容認、不在者・郵便投票の選挙日前開票の合法化、郵便投票申込受付期間の延長等
ネバダ	2018年11月6日	自動車免許所持者は自動的に有権者登録可能

みをつけるためである。両州で行われた州民投票の内容は表6に示した。

表6に示したミシガン州での州民投票は、「投票箱を不正票で溢れさせる戦略」を実現するための典型的な戦術である。これは、民主党系過激組織「投票を促進する会（Promote the Vote）」が、大量の署名を集めた請願で実現した。署名獲得や州政府請願に250万ドルを費やしている。この活動資金もジョージ・ソロスから出ている。彼の操り人形であるグレッチェン・ホイットマー知事とジョセリン・ベンソン州務長官の二人は、ドラスチックな選挙ルール変更の是非を問う州民投票で、主要メディアに変更を是とするキャンペーンをはらせた。2018年の中間選挙を利用した住民投票の結果66パーセントの支持を得てルール変更が決まった。

ネバダ州でもソロスが工作した州民投票が実施されている。2016年の中間選挙直後、左翼組織「iVote」と「ACLU of

Nevada」は数千万ドルの資金を投じて、5万5000の請願署名を集めた。両組織ともソロスの支援を受けている。この請願は有権者登録を免許証の提示だけで可能にせよというものであった。

2018年に実施された州民投票により、有権者登録はネバダ州自動車局（Department of Motor Vehicle）の発行する免許証や住所変更証明書等があれば自動的に有権者登録されることになった。一方で有権者登録を望まない者は、その旨書面で申請しなくてはならない。

「政府・民間パートナーシップ(Public-Private Partnership)」の悪用

先述のように、ジョージ・ソロスやマーク・ザッカーバーグらは多額の資金を投じ、「投票箱を不正票で溢れさせる戦略」の実現に協力した。彼らは、「政府・民間パートナーシップ」制度を悪用した。ザッカーバーグはおよそ5億ドルを提供し、本来なら不偏不党であるべき選挙管理プロセスを民主党有利に変えさせた。特に目立ったのは、ミシガン州ウェイン郡、ウィスコンシン州デイン郡、ペンシルバニア州フィラデルフィア郡である。

ザッカーバーグは、2012年にCTCL（Center for Tech and Civic Life）なる組織を設立した。同組織は、現在は活動停止しているNOI（New Organization Institute）の元職員を採用している。ＮＯＩは、ソロスの運営する「オープンソサエティ基金」から資金援助を受けていた。２０２０年の大統領選で「活躍」したのはＣＴＣＬであった。数千万ドルもの資金が、選挙管理行政を支援する名目で選挙運営費用（行政コスト）の助成に使われた。

ウィスコンシン州は提供された資金のうち６３０万ドルを使い、投票ボックスを市内各所に設置したり、「公園のデモクラシー（Democracy in the Park）」なるイベントで票の取りまとめ行為を推進した。（民主党を有利にする）選挙関連イベントは同州全域で実施されたが、とりわけ民主党支持者の多いミルウォーキー、マジソン、グリーンベイ、ラシーン、ケノシャで目立った。

ＣＴＣＬはペンシルバニア州にも１２００万ドルを提供している。このうち１０００万ドルが、民主党支持者の多いフィラデルフィアに集中的に投入され、民主党票を増やす施策に使われた。ＣＴＣＬはその資金提供に、最低８００カ所の投票所をフィラデルフィア市が設置する、という条件を付けていた。更にＣＴＣＬは、ソーシャルメディアを通じて反共和党、反トランプキャンペーンを進めた。非課税特権を受けている組織がこのような行為を行うことは違法である。

ＣＴＣＬは党派性のない組織であると説明しているが、幹部たちが左翼政治運動に関与していることは明らかである。例えば、２０２０年8月28日にウィスコンシン州選挙管理委員会に苦情が寄せられた。それには、ＣＴＣＬの構成員は、民主党支持者だけを投票させるテクニックに長けた連中であり、バラク・オバマを支援する組織のメンバーであったことが記されていた。

本報告書では中国共産党による選挙介入の可能性については触れていない。しかし、マーク・ザッカーバーグには、中国市場に参入したいという動機があることは指摘しておきたい。彼は流暢に中国語を操る。中国共産党員である技術者を採用し、フェイスブックによるトランプ支持者の検閲能力を強化させた。これは保守運動を破壊し侮蔑する行為である。

ザッカーバーグは、中国共産党にシンパシーを寄せる。２０１４年、中国インターネット業界の皇帝と呼ばれる魯煒《ろい》（中国サイバースペース監督局長官）とシリコンバレーで会談している。その際に、ザッカーバーグが、習近平の「中国のガバナンスについて（The Governance of China）」なる著作を推奨する様子が中国官製メディアによって報じられた。実際に、彼は習近平の著作を仲間に配布している。「中国式社会主義を周囲に理解してもらいたい」と考えているからのようだ。２０１６年には、中国プロパガンダ組織のトップである劉雲山《りゅううんざん》（注：２０１６年当時は中国共産党常務書記、元中央宣伝部長）とも会っている。

ザッカーバーグは、中国におけるインターネットの普及（開発）に称賛の言葉を贈っている。ジョージ・ソロスは、過激リベラル思想組織のネットワークを作り上げた。ソロスは2020年大統領選挙にその甚大な影響力を発揮したが、これにはトランプ政権の重要情報部門である国土安全保障省（DHS：Department of Homeland Security）の協力があったことがわかっている。2019年11月、DHSはVoting Worksなる組織との協力を決めた。Voting Worksは中道左派的な非営利団体との触れ込みだがソロスの資金が入っている。同組織は、激戦州に投票集計システムの導入を推進した。

トランプ大統領失脚を狙ったロシアゲート事件に関与していたマーク・エリアスも、ソロスやザッカーバーグに負けていない。彼はジョージア州のステイシー・エイブラムスの組織した非営利団体「ニュージョージア計画」を支援し、同州の選挙プロセスを劇的に変えさせる訴訟を起こした（注：ステイシー・エイブラムスは過激派黒人女性政治家。元ジョージア州民主党下院議員）。同州で不在者票の受付期限あるいは票の修正可能期限の延長などが実現したのはこの訴訟の成功による。

エリアスが実現させた変更は言うまでもなく民主党有利に働いた。その効果はジョージア州グイネット郡の選挙で顕著だった。同郡での地方検察官、郡保安官（シェリフ）、郡議会議長ポストで民主党は次々に勝利した。連邦下院議員選挙では、第7選挙区の共和党議席も奪った（注：同選挙区は歴史的に共和党の強い選挙区だったが、２０２０年選挙は民主党が制した）。

プロパガンダとしての「周知（Public Awareness）」活動

民主党、その工作員、その手先となった、「役に立つ愚かな連中」は、「周知」活動を隠れ蓑にした政治キャンペーンを進めた。政府広報や主要メディアを通じて、（不正の温床となる）不在者・郵便投票はより簡単な手続きで可能にすべきだと訴えた。

その一端はソロスの「オープンソサエティ」から漏洩した文書で知ることができる。ブレナンセンター（注：元最高裁判事ウィリアム・ブレナンの名を取って作られた過激リベラル政策を主張する団体）もソロスからの資金援助を受けている組織だが、投票ルールの緩和を訴えた。ここでも中共ウイルス感染防止がその正当化理由にされた。

ウイルス感染が拡大した２０２０年3月、ブレナンセンターは次のようなメッセージを発した。

郵便投票はすべての有権者に認められなくてはならない。そうすれば投票所でのコロナウイルス感染を回避できる。

ブレナンセンターは、他にも投票の簡素化（容易化）を目指して、投票所の改善（注：その数を増やしたり、投票者アクセスが容易な場所への設置）、期日前投票期間の前倒し、郵便投票一般化、有権者登録簡素化、オンライン登録採用といった「改善」策を訴えた。

不在者・郵便投票を劇的に増加させるための民主党の戦術

民主党は投票プロセスの簡素化（容易化）を正当化するキャンペーン（世論工作）と並行的に、不在者・郵便投票を確実にそして劇的に増加させる行動をとった。表7は州別に主な7つの手法を示したものである。

不在者・郵便投票ルールの緩和

この典型例は、コロナウイルスを理由にしたウィスコンシン州デイン郡とミルウォーキー郡での2020年3月27日付の措置である。郵便投票は病気ケガなどの何らかの理由で投票所に足を運べない有権者の便宜をはかる制度だが、両郡はコロナウイルスにより全有権者が投票所に行けないという判断を下した。

この結果、投票所に行けない有権者が激増した。郵便投票や投票箱を利用した期日前投

表7　民主党のとった戦術

	AZ	GA	MI	NV	PA	WI
不在者投票・郵便投票ルールの緩和	+	+	+	+	+	+
郵便投票の一般化				+		+
郵便投票申込一般化		+	+			+
投票箱設置による投票推進		+	+		+	
違法投票箱の設置	+	+				+
票取りまとめ行為	+	+		+		+
不正可能な集計機採用	+	+	+	+	+	+

票は、2019年では両郡併せて7万2000だったものが2020年11月3日の大統領選挙では24万にもなった。これらは有権者確認が不十分な潜在的不正票である。デイン郡とミルウォーキー郡とも民主党が強い選挙区である。

ペンシルバニア州では、民主党は不在者投票要件の緩和を求める訴訟を起こした（2020年7月10日）。不在者投票を全登録有権者に可能にせよという主張であったが、この要求を同州最高裁は認めた（9月17日）。更に、不在者による郵便投票は選挙日（11月3日）午後8時の消印まで有効としたうえに、選挙日から数えて3日目まで受け付けることを認めた。同州が選挙日午後8時以降に受け付けた票の総数はおよそ1万であった（注：選挙日以降の受付が問題なのは、不正を企む側が、選挙結果を覆すために必要な不正票の数を把握できるからである）。

不在者・郵便投票一般化の合法化推進

コロラド、ハワイ、オレゴン、ユタ、ワシントンの5州では郵便投票が一般化されている。有権者がそれを望まなくても、郵便投票用紙が送られてくる。郵便投票では有権者確認が難しいため、歴史的に不正が容易であることがわかっている。複数回投票、なりすまし投票は、先の大統領選挙でも横行した。

民主党は、不在者・郵便投票の一般化をネバダ、ウィスコンシン両州でも導入させることに成功した。選挙関連法が変更され、登録有権者全員に投票用紙が送付された。ネバダ州知事スチーブ・シソラクが州法ＡＢ４号に署名したのは２０２０年8月3日である。これは、選挙管理部局に、不在者・郵便投票用紙を全有権者に送付を「命じる」内容だった。州務長官は共和党のバーバラ・チェガフスクだったが、この法律は彼女の頭越しに成立し、知事は、先の大統領選挙に直ちに適用するよう命じた。ここでも、コロナウイルス感染防止のための緊急事態宣言が出されていることが理由にされた。

この変更により、案の定、不正が激増した。例えば、郵便票のうち1万5０００は、他州でも投票していた人物によるダブル投票であった。

不在者・郵便投票申込の一般化

ミシガン州が、全有権者770万人に不在者・郵便投票申込書を送付したことは既に書いた。ウィスコンシン州選挙管理委員会も、同州有権者270万人全員に不在者・郵便投票申込書を送付することを決めた（2020年6月17日）。

街角投票箱の設置

第1次報告書「想像を絶する欺瞞」でも指摘したように、街角に数多く設置された投票箱に投じられた票については、その管理が杜撰であった。投票箱の設置によって、票の取りまとめ行為が容易になった。これは、10州で違法と決められている不正行為である。だからこそ、2020年大統領選挙以前にはわずか13州しか投票箱の設置を認めていなかった。しかし、先の選挙では38州もが設置を認めた。

ジョージア州では、同州予備選挙前の6月9日、郵便による不在者投票を投函できる投票箱の設置を決めた。その結果、同州にある159郡の内19郡が投票箱を設置した。ミシガン州でも、民主党勢力の強い郡で、そうした投票箱が積極的に設置された。ランシングでは13カ所、アナーバーでは5カ所、デトロイトではおよそ40カ所に設置された。州全体ではおよそ700の投票箱が設置された。

ミシガン州知事（グレッチェン・ホイットマー）も州務長官（ジョセリン・ベンソン）も投票箱の利用を強く推奨した。ここでもコロナウイルス感染拡大防止が利用された。両名とも、ジョージ・ソロスの支援を受けた操り人形であることは既に述べた。コロナウイルスを選挙に徹底利用することは民主党戦略の核であった。

州法違反の投票箱設置

いくつかのケースでは、州法に明らかに違反する投票箱の設置があった。例えば、ウィスコンシンにおける設置は州法違反である。それにもかかわらず同州選挙管理員会は、設置を認める指示書（２０２０年８月19日付）を州内のすべての自治体に通達した。指示書では、諸税の支払いや公共料金支払いに使われる箱（注：封に入れた小切手などを投函）をも安全な投票箱とみなした。さらにコンビニエンスストアや銀行に投票箱を設置することも認めている。ペンシルバニア州ブックバー州務長官は州法に違反することを知りながら、投票箱の設置を進めた。

トランプ陣営は、ブックバー州務長官および67の郡に対して、不法なそして管理ができていない投票箱の設置に抗議した（２０２０年６月29日）。こうした投票箱を増やせば、票の取りまとめ行為や改竄行為を助長するからである。

第1次報告書でも明らかにしたように、実際にそうした違法行為が頻発した。ナザレ（ペンシルバニア州）では、大量の取りまとめ票が投票箱に詰め込まれている。また、ある監視されていない投票箱からは、所有者不明のジープでやってきた人物により、投函された投票用紙が抜き出され集計センターに運ばれた。（注：選挙管理関係者以外の票の取り扱いによる改竄の可能性を疑わせる行為）この模様は監視ビデオや写真で記録されている。

投票箱は違法に設置されただけでなく、民主党勢力の強い地域つまりジョー・バイデン支持者の多い地域に偏って設置されていた。

票の取りまとめ行為

「取りまとめ行為」とは個人が多くの有権者の票を取りまとめたうえで、投票所や投票箱に持参することである。この行為があると記載済の投票用紙が、選挙関係者に届けられる前に第三者（取りまとめ者）により一時占有されることになる。その間に、票の改竄が可能になる。だからこそ多くの州ではこの行為を認めていない。

民主主義の根幹である公正な選挙を危険にさらすこの行為を民主党は合法化すべく活動した。ジョージア、ネバダ、ウィスコンシンでは実際それに成功した。ネバダ州知事スチーブ・シソラクは、特別議会を招集し州法第4号を成立させ署名した（2020年8月3日）。

第４号はまさしく票の取りまとめ行為を合法化する法案であった。州上下院ともに、法案に賛成したのは民主党であり、反対したのは共和党であった。いかに党派性の濃い内容であったかがわかる。同州州務長官バーバラ・チェガフスク（共和党）は、この法案に強く反対し、選挙結果が不正票で左右されると警告した。

ジョージア及びウィスコンシンでは票取りまとめ行為は州法で禁じられている。それでも民主党工作員はかまわず票を取りまとめた。いくつかの民主党系ＮＰＯ団体は、票修正期限の延長を利用した取りまとめ工作を進めた。これによるバイデン票だけでも、わずかな同州のバイデンリード票は消える。

彼らはこうした行為の実行チームを「無効票お助け隊（Ballot Rescue Teams）」と称し、民主党系ボランティアを総動員して個別訪問させ票の修正を助けた。ウィスコンシン州マジソンは民主党支持者が多い町である。ここでは選挙管理委員会が、公園に２００以上の投票箱を設置した。「公園の民主主義（Democracy in the Parks）」なるネーミングをつけた違法キャンペーンであった。これを支援したのはバイデン選挙陣営だった。彼らは、この違法行為の実行を可能な限り合法に見せかけようとしたが、その違法性は動かない。同州規則では、合法的な理由で投票箱を設置する場合でも選挙日前14日からの設置と決められている。彼らはこのルールにも従っていない。

不正しやすい集計システムの採用

集計機器については、外国勢力を含む工作組織によるハッキングで票のカウントが操作されているのではないかとの疑惑があった。ミシガン州アントリム郡で発生したドミニオン集計機の不具合はこれが実際に起きていたことを示すケースだった。不具合はトランプ票を奪っていた。

投票・集計機器の信頼性の問題は以前から指摘されていた。2019年7月、NPO団体「公正選挙アクション（Fair Fight Action）」は、ES&S（Election Securities and Software）社製機器の信頼性を問題視する報告書を発表した。「ES&S社には、集計機の安全性信頼性を担保しようとする考えがなく、投票者の個人情報の漏洩、投票した有権者リストの消失、集計の遅れといった問題が多発している」と指摘した。同社はワシントン上院公聴会において、同社製品を納入した州の名を明かそうとしなかった。情報の開示を拒み、同社製品の信頼性への疑いを晴らそうとしなかった。同社の姿勢をみた多くの上院議員が、同社製品の使用には国家安全保障上の問題があると危惧した。

こうした懸念がありながら、激戦6州すべてにドミニオン社あるいはES&S社の集計システムが、2017年から20年にかけて次々に導入された。特にジョージア州では、2020年3月に、およそ3万台のドミニオン機が駆け込み設置された。同州でも、同機の安全性について懸念されていたが、州内159の郡に設置されたのである。

2019年、ペンシルバニア州も67郡の内14郡への設置を決めた。ブックバー州務長官の指導によるものだった。2020年に入ると、33の郡がES&S社製集計機の導入を決めた。ここには民主党勢力の強いフィラデルフィアとモンゴメリーが含まれる。なおウィスコンシン州デイン郡およびミルウォーキー郡はES&S社製集計機を使用していることがわかっている。

2017年3月、ミシガン州政府および同州内の22の自治体がドミニオン機導入を決めた。総額3100万ドルの大型契約であった。デトロイトは45万7880ドル、ディアボーンは2万2975ドル、リヴォニアは6万5310ドルの公費出費となったが、いずれも民主党の強いウェイン郡にある町である。

無効民主党票も有効票に

既に書いたように、民主党は不在者・郵便投票の数を激増させる戦術をとった。それと並行するように、不正投票に対する監視プロセスを極端に緩和した。表8は不正監視緩和策を州別にまとめたものである。特にジョージア州の措置は広範にわたり、民主党のためにできることはすべてやったといえる。これを実行したのが共和党の州知事、州務長官であったことは皮肉であった。

ミシガン州とペンシルバニア州では「集計所監視作業の緩和」が用いられている。この方法だけでも（選挙結果を覆すに）十分な数の不正票および不正疑惑票を生んだ。

有権者本人確認ルールの緩和

本人照合ルールを緩和したのはアリゾナ、ジョージア、ネバダ、ウィスコンシンの4州である。アリゾナ州マリコパ郡およびピマ郡では、療養しているコロナ患者にはビデオコールでの投票を許した。この方法では、正確な本人確認はできない。ビデオコールの記録画像を選挙監視委員会は検証していない。ウィスコンシン州デイン郡およびミルウォーキー郡では、長期隔離療養者（注：コロナウイルス感染者）についてはＩＤの照会もしていない。

署名確認基準の緩和

投票所に足を運ばない不在者・郵便投票では本人確認には署名照合が必要になる。こうした投票をする場合、投票用紙には署名欄があり、登録済の署名と照合される。全米では32州で、選挙管理委員会職員が視認確認することを求めている。この照合基準をアリゾナ、ジョージア、ネバダの3州は緩めた。

表8　民主党のとった不正監視緩和策

	AZ	GA	MI	NV	PA	WI
有権者本人確認ルール緩和	+	+		+		+
署名確認基準の緩和	+	+		+		
封筒のない裸票の集計		+				
（違法行為である）修正可能期間延長	+	+		+		+
集計所監視作業の緩和		+	+		+	

特にジョージア州のケースは悪質であった。２０２０年3月6日、ラッフェンスパーガー州務長官は、ケンプ知事の承認を得て、民主党関係組織と秘密協定を結んだ。協定は、同州民主党・民主党上院議員キャンペーン委員会・同下院議員キャンペーン委員会との間に結ばれたものだった。不在者・郵便投票における本人確認のルールを劇的に緩和させる秘密協定だった。民主党組織の法的代理人は、ロシアゲートをでっちあげたマーク・エリアスであった。エリアスはパーキンス・コイエ（Perkins Coie）法律事務所所属である（注：パーキンス・コイエは民主党全国委員会と顧問契約を結んでいる国際法務事務所）。

ジョージア州では、送付されてきた不在者・郵便票は、州の選挙管理システム（E-Net システム）に登録済署名及び不在者・郵便票申込書にある署名の両方に照会し合致しなくてはならない（有効票となる要件）。秘密協定で、これをどちらか一方の照合で構わないと変更した。加えて、署名に不一致が発見された場合でも、選挙管理委員や郵便投票開封担当者の過半数が無効に同意しなければ有効票とすると決めた（注：署名照合プロセスはなし崩し的に無意味になった）。

こうした措置で無効票は激減した。２０１６年の選挙（中間選挙）では無効票率は６・８％だったが、２０２０年の大統領選挙では０・34％であった。ジョージア州における不在者・郵便投票（約１３０万票）のほとんどが有効となった。更に、署名不具合（不一致など）が見つかった場合、修正を選挙日以後３日間認める変更もしていた。

仮に、不在者・郵便投票の無効率が２０１６年の６・８％程度であれば、（不在者・郵便票のほとんどがバイデン票だっただけに）同州でのバイデンリード票（１万１１３０）は容易に覆るのである。

ネバダ州でも同様の問題があった。２０２０年8月、同州では65歳以上の有権者で、身体的障害あるいは読み書きができないという理由があるものは、第三者の助けを得て投票することを可能にする法改正を実施した。この結果65歳以上有権者による投票の内、40万票に何らかの不正行為があったと推定されている。また、同州でも不在者・郵便票の無効率が１・６％（２０１６年）から０・58％（２０２０年）に下がっている。

裸票の不正集計

表８に示したように、ジョージア州は裸票も有効にしたが、明白な違法行為である。

修正可能期間延長

ミスや不備のある票を有効票にすることを民主党は当初から目論んでいた。問題のある票の修正を容易にし、有効票にするのである。

例えばアリゾナ州連邦地裁判事ダグラス・レイズは、同州の選挙管理委員会スタッフに、投函された郵便票封筒に署名のない票についての修正に選挙後５日間のビジネス日（注：土日を除いた平日の意）の猶予を与えるよう命じた。レイズは、オバマ大統領に指名された判事である。その結果、修正は11月10日午後5時まで可能になった（注：本来であれば、封筒に署名のない票は無効票となる）。

この命令があったことで、民主党ボランティアが、問題票を投票した有権者に精力的にコンタクトし修正させた。この命令がなければ、封筒に署名のない票を有効票としてカウントすることは違法だったのである。

ウィスコンシン州選挙管理委員会のとったやりかたにも問題があった。同委員会は全会一致で、修正指導をすることを決定したが、これは同州法６・84号及び６・86号に違反する。委員会は、住所記載のない票の修正まで指導していた。これも不法行為である。州法には、「住所の記載されていない票は無効票とする」と明記されている。

ネバダ州でもこの修正期間が1週間延長された。

集計監視作業の妨害

民主党とその工作員は、共和党の集計監視員を集計作業場から遠ざけ、実質的な監視を困難にした。これが目立ったのはジョージア、ミシガン、ペンシルバニアである。

ペンシルバニア州議会は、アクト12なる法令を成立させた（2020年3月27日）。これは集計職員の数を減らすことを決めたものである。同州では大統領選挙開票・集計所において、共和党監視員を集計台から6フィート（1・8メートル）以内に近づくことを禁じた。なかには15メートルから30メートル離れるよう要求した例もある。こうした違法行為のすべてが、コロナウイルス感染防止のためとして正当化された。11月5日には、州裁判所は違法だと判断したが、すでに何万票もの集計が終わっていた。

ミシガン州でも、不正の可能性が高い不在者・郵便票のチェックを共和党監視員には「見せない」という行為が頻発した。ここでも共和党監視員は、集計台から6フィート離れることが強制され、中には集計が行われているフロアに近づくことさえ許されなかったケースもあった。ここでもコロナウイルスがその理由に使われた。

民主党は見事に「芸術的選挙泥棒」の舞台を完成させていた。舞台づくりのすべてが違法だとは言えない。しかし、結果的に不正な不在者・郵便票を生む環境を「育んだ」のである。

結論

民主党およびその工作員は、戦略的に、（民主主義制度下では）最も神聖な選挙制度を自陣営に有利になるよう変更した。それは「芸術的」ともいえる「選挙泥棒」であった。彼らは、米国民の顔面をメリケンサックでなぐりつけ、その腹部を足蹴にしたのである。

彼らの「芸術的選挙泥棒」がお咎めなしで済んでいるのは、共和党が多数派の州議会や共和党系州政府幹部がだらしない（責任をはたしていない）からである。主要メディア、ワシントン議会、司法（州および連邦裁判所）の問題でもある。

第1次および第2次報告書を通じて明らかにしたように、先の大統領選挙は、選挙不正行為によりトランプ大統領の勝利が奪われた可能性が極めて高い。厳正な調査がなされなくてはならないのである。

第3節　第3次ナヴァロ報告書

「トランプ大統領は勝っていた」——事例、証拠そして統計的エビデンス

2021年1月14日

はじめに

「想像を絶する欺瞞」と題された第1次ナヴァロ報告書では、2020年大統領選挙における、公正性と信頼性を破壊する行為を6つのカテゴリーに分類した。

・明かな選挙不正（買収など）
・投票済用紙の不正管理
・集計プロセス不正行為
・一方の政党に偏った不正行為
・集計機器の異常性

第３次ナヴァロ報告書の表紙

・統計的異常性

こうした行為は明らかに有権者の権利の平等保護を規定する合衆国憲法修正第14条[*1]に違反する。本報告書も、6つの激戦州（アリゾナ、ジョージア、ミシガン、ネバダ、ペンシルバニア、ウィスコンシン）について検討する。この6州の開票結果が大統領選挙を左右するからである。

第1次ナヴァロ報告書では、50を超える裁判所への提訴内容、司法判断、提出された数千に及ぶ宣誓供述書や声明書、各州での公聴会証言、シンクタンクや法律関連研究所などが発表した分析レポート、撮影されたビデオ・写真、関係者のコメントあるいはメディア報道を分析することで検討を重ねた。

第1次報告書では、以下のように結論付けることができた。

・6種類の不正が明らかであり、上記6州のほとんどにこうした不正行為があった
・不正の種類については激戦州毎に特徴があった
・選挙不正行為は多岐にわたり、そうした不正の総合によってバイデン候補が勝利した。彼を勝利させる特別な一種類の不正行為があったというのではない
・6州でバイデン候補は僅差で勝利した。この差は、大量の非合法票を排除すればたちまち消える

「芸術的選挙泥棒」と題した第2次ナヴァロ報告書では、6種類の不正が組織的に計画されていたことを示した。重要な点はこの不正行為は、民主党により数年前から入念に計画されていたことである。多くの事例が、彼らの計画はトランプ大統領当選後（2016年末）すぐに始められていたことを示している。

民主党は、上記6州で、不在者・郵便投票を利用して、大量の不正投票を惹起させた。有権者本人確認のない票により、圧倒的なトランプ大統領の勝利を、「僅差によるバイデン勝利」に変えた。

民主党は2つの手法をとった。まず不在者・郵便票を増やした。その一方で、有権者照合プロセスを大幅に緩和した。こうすることで明らかな不正票が激増し、トランプ大統領票をわずかながら上回ることに成功したのである。

民主党とその工作員は、非合法な選挙結果を得るために、可能な限り合法的に見える手段を使った。確かに合法的に見えはするが、法を犯し規則を枉げていた。

第3次報告書では、2つの報告書の分析を踏まえて、「ドナルド・トランプ大統領の勝利は不正に奪われたのではなかったか」の疑念を深掘する。6州における不正と疑われる票数をベースにした統計学的考察も加えた。

本報告書が最終報告書となるが、今回の選挙の公正性を疑う研究者に十分な証拠やデータを提供できたと考える。次頁の表は不正が疑われる票数をカテゴリー別に分類したものである。数字の根拠となるソースも明らかにした。数字の算定については、あえて低めの推定値（注：民主党に有利な数字）を使用した。

注：ソースについては割愛した。研究者は英語原文サイトを確認されたい。

これまでの2回の報告書でも示したように、不正が疑われる票は（低めに見積もった数字でありながら）、バイデンの僅差での勝利を、容易に覆す数字である。これは2020年の

表1　不正が疑われる投票数とバイデンリード票数との比較：カテゴリー別

	AZ	GA	MI	NV	PA	WI
不正不在者票						170,140
選挙日後到着郵便票					10,000	
指定期日外に送付された郵便票		305,701				
指定住所以外居住者投票（注:駐車場や商業地などの住所からの不正郵便票）	19,997			15,000	14,328	
消印日と異なる日の到着票（注:米郵政公社労働組合と民主党の癒着による消印日捏造）	22,903				58,221	
消印のない郵便票					9,005	
他人名義による郵便投票申込票			27,825			
死者による投票		10,315	482	1,506	8,021	
同一人の州内ダブル票	157	395		42,284	742	234
投票資格のない犯罪者票		2,560				
幽霊表（注:全く存在しない人物票）	5,790	15,700				
不法取り纏め票A（注:介護施設などで票を不法に取りまとめた票）						17,271
不法取り纏め票B（注:コロナ感染者などの隔離者票を不法に取りまとた票）						216,000
投票権のない未成年票（18歳以下）		66,247				
有権者登録期限後に登録した者の票	150,000					
住所記録の無い票	2,000	1,043	35,109	8,000		
市民権のない人物票	36,473			4,000		
有権者登録番号の無い票			174,384			
有権者リストに存在しない人物票		2,423				
複数州でのダブル票	5,726	20,312	13,248	19,218	7,426	6,848
オーバーボート（注:トランプ・バイデン両候補にマークしたものをバイデン票とする行為）	11,676				202,377	
選挙管理員・監視員不正行為					680,774	
登録署名不一致票				130,000		
集計機不正操作票		136,155	195,755			143,379
100歳以上票					1,573	
登録地以外で投票された票		40,279				
不正が疑われる票数（注:不正票のほぼすべてがバイデン票）	**254,722**	**601,130**	**446,803**	**220,008**	**992,467**	**553,872**
バイデンリード票	10,457	11,130	154,818	33,596	81,467	20,682

大統領選挙は極めてアンフェアだったことを示すものである。本報告書により、「ドナルド・トランプの勝利が（民主党により）盗まれたものである」とする主張に合理的根拠があることをより明確にしたい。

進歩派リベラル層や主要メディアは、「先の選挙結果はフェアなものである。国民の団結のために、その『真実』を受け止めよ」と主張する。しかし、その『真実』は、フィクションである。彼らの「カフカ的」要求は、本レポートで示した証拠に鑑みれば、国民の結束形成にはむしろ逆効果になる（注：チェコ作家フランツ・カフカの描いた監視され自由を失った「プライバシーを喪失した世界」を指す）。

国民の半分が、先の大統領選では大掛かりな不正があったと疑っている。だからこそ厳正な調査が必要である。そうでなければ国民の不信はいっそう高まるばかりである。真実を求める動きを、ソーシャルメディアが妨害するようなことがあってはならない。フェイスブック、ツイッター、ユーチューブに代表されるソーシャルメディアは既に（多様な意見を提供する）「情報のプラットフォーム」の立場を逸脱した。寡占化したソーシャルメディアは、数千万人のトランプ支持者の声を、独裁的に抑え込もうとしている。

真実を探る作業において、2つの事実を忘れてはならない。第一に、1960年の大統領選挙においても、民主党は「選挙を盗んだ」過去があることである。（注：この年の選挙ではリチャード・ニクソン（共和党）とジョン・F・ケネディ（民主党）が争った。民主党の大規模不正があり、ニクソンが選挙結果にチャレンジしようとした。しかしそうすることで国が割れることを憂えたニクソンが折れた）。「選挙を盗む」という行為は過去にもあり、そしてこれからも起こり得るということである。第二に、1960年の選挙不正を歴史家が認めるまでには数十年の時間が必要だったことである。なぜそれほどの長い時を必要としたのか。それは、国民に対して「選挙結果を疑うことは非倫理的である」とするプレッシャーがかかり続けたからである。これは現在の状況と酷似する。

1960年当時と同じように、トランプ候補に投票した7400万人もの共和党員や保守層の声は沈黙させられようとしている。しかし、トランプ候補に投票した誰もが、今回の選挙について党派性のないしっかりとした調査を望んでいる。真実を知りたいのである。もし民主党、名前だけの共和党政治家（注：共和党内に潜入した似非保守主義者、RINO）、反トランプに染まる主要メディア、あるいはなりふり構わない行動をとるソーシャルメディアが、保守派国民の声を圧殺し続けるのであれば、必ずや歴史の裁きを受けよう。

わが国は、民主主義国家を維持できるか、あるいは中国共産主義的な警察国家に変貌してしまうかの岐路に立っている。警察国家への移行を、わが国の伝統や文化を破壊しようとする思想（キャンセルカルチャー）を唱える者や寡占化した少数のソーシャルメディアがリードする。彼らの暴走は制御不能の域に達している。

上述のように、本報告書では、各州別の選挙結果の統計的分析にも触れる。そうすることで、わが国歴史上最悪の不正選挙が行われたことをはっきりと示す。この事実をワシントン議会や問題の６州が看過するようなことがあれば、当該州だけでなく合衆国全体を不幸にする。国民の選挙制度に対する信頼を毀損し共和制度の根幹が崩壊する。

アリゾナ州のケース

表２は、不正票と疑われる25万４７２２票をカテゴリー別に分類したものである。この数字は、同州でのバイデンリード票の24倍にもなる。バイデン候補の同州でのリードはわずか１万４５７票であった。規定期日以降に（不法に）受け付けられた郵便票だけでも15万票もある。さらに２万２９０３票の郵便票は消印日と一致しない日付で受け付けたものである。

また、表ではわかりにくいが、同州のマリコパ郡（注：フェニックスのある郡）及びピマ郡（注：ツーソンがある郡）の投票率は通常では考えられないほど高いものであった。（注：大都市の選挙管理委員会は民主党系幹部によりコントロールされている。これは他州でも同様であ

表2　アリゾナ州における不正行為が疑われる票数

登録住所以外からの不在者票	19,997
消印日以前又は以後に受け付けた不在者票	22,903
州内で二度投票した票	157
存在しない人物よる票（幽霊票）	5,790
登録期限を違反した郵便票	150,000
住所記録の無い票	2,000
市民権のない人物による票	36,473
州外居住者による票（州外で投票済）	5,726
オーバーボート（過剰投票）	11,676
不正が疑われる票総数	**254,722**
バイデンリード票数	**10,457**

る）両郡では、票の管理が杜撰であり、160万にも及ぶ郵便票があった。郵便票のほとんどがバイデン票であった。郵便票の場合は、有権者確認手続きが緩い一方で、当日の投票所投票（注：トランプ支持者のほとんどが投票所に足を運んでいる）では、厳しい身分証明が求められた。

その結果、アリゾナ州の投票率は激増し、登録有権者数を超えるつまり100%を超える投票率となった。同州では選挙日当日の有権者登録を認めていない。そのことを考えるだけでも異常な数字である。（表2からわかるように過剰投票数〔1万1676〕だけでも、バイデンのリード票1万457を上回っている）

アリゾナ州の規則を逸脱した票は異常である。住んでいない住所（注：フェデックスのオフィスや郵便局、ビジネスビルあるいは駐車場などの住所）で登録した人物の票は1万9997もある。さらにおよそ2000の票は無住所であった。また州外に転居し転居先の州で有権者登録を済ませておきながらアリゾナ州でも投票したものは5790あった。更に他州居住者がアリゾナにやってきて投票した数は5726である。市民権のあることを示さず投じられた票は3万6473にも及ぶ。

ジョージア州のケース

表3はジョージア州の不正と疑われる票60万1130を分類したものである。この票数はバイデン候補のリード票数（1万1779）の50倍以上である。

ジョージア州で目立つのは、大量の「規定された期間前あるいはその後に受け付けた不在者郵便投票」である。同州法では、選挙日の180日前から申し込みができることになっている。そうでありながら、30万5701票が、この選挙日（2020年11月3日）から起算して180日より前に申し込まれた不在者郵便投票であった。

死者による票は1万を超えている。存在しない人物による票（幽霊票）も1万5700あった。何者かが、死人になりすまして不在者郵便投票を申し込んだのである。さらに

表3　ジョージア州における不正が疑われる票数

規定された期間前あるいはその後に受け付けた不在者郵便票	305,701
死者票	10,315
ダブル投票（州内居住者による）	395
犯罪者（投票権無し）票	2,560
存在しない人物の票（幽霊票）	15,700
未成年非有権者票（18歳未満）	66,247
住所記録の無い票	1,043
有権者リストにない人物による票	2,423
州外居住者による票（州外で投票済）	20,312
集計機不正による票操作	136,155
登録されていない郡で投票した票	40,279
不正と考えられる票総数	**601,130**
バイデン候補のリード票数	**11,779**

1000を超える票は住所の記載がない。

ジョージア州で使用された投票集計機（注：ドミニオン集計機）が原因の疑惑票も目立つ（13万6155票）。同州は、駆け込み的にドミニオン集計機を導入しているが、なぜそれほど急いだのかについて明確な説明はされていない。4万を超える票は、正式な住所登録がされていない郡で投票されたものだった。選挙資格のない未成年者（18歳未満）の票は6万6000を超える。

ミシガン州のケース

表4はミシガン州における総計44万6803票の疑惑票の内訳を示したものである。この数は、バイデン候補のリード票数（15万4818）のおよそ3倍にあたる。

表4　ミシガン州における不正行為が疑われる票数

他人（有権者）名義による不在者郵便票	27,825
死者による票	482
ダブル票（州内居住者による）	395
住所記登録の無い票	35,109
有権者リストにない人物による票	174,384
州外居住者による票（州外で投票済）	13,248
集計機不正による票操作	195,755
不正と考えられる票総数	**446,803**
バイデン候補のリード票数	**154,818**

ミシガン州の疑惑票で目立つのは、集計機に関わるもので、（バイデン票が）不自然に突然増加した（集計機の不具合に起因する）票や、有権者登録番号のない票などである。

同州では説明のつかないバイデン票の突然の増加（バイデンジャンプ）が二度あった。11月4日の午前3時50分、唐突に5万4497票のバイデン票がカウントされた。この時のトランプ票はわずか4718票だった。午前6時31分にも同様のバイデンスパイクがあった。14万1258票のバイデン票がカウントされた一方で、トランプ票は5968票に過ぎなかった。

ミシガン州法では、不在者郵便投票は、当該投票区で有権者登録がなされていなければならない。それにもかかわらず選挙管理委員会は、登録名簿とマッチしない17万4000票をカウントした。これは不法行為である。

さらに、住民登録のない票を3万5000以上もカウントしている。死人による投票も480を超えていた。他州で投票しておきながらミシガン州でも投票された票は1万3000以上あった。2万7800票以上が、他人名義で行われた不在者郵便票である。名前を使われた有権者はその事実を知らなかった。

ネバダ州のケース

表5はネバダ州における総計22万8票の疑惑票の内訳を示したものである。同州のバイデン候補のリードは3万3596票であったから、推定不正票数はその6倍にあたる。ネバダ州で顕著な不正は、クラーク郡で採用したアジリス署名照合機に起因したものである。(注：クラーク郡には同州最大都市ラスベガスがある) 署名確認に機械を使用すること自体が同州法に違反する。署名照合の誤認識による票は13万にも上った。

アジリス機の操作が、メーカー手順書に沿っていなかったこともわかっている。この機器は予め登録された署名と郵送票に記された署名を比較し照合する。ところが機械に予め読み込ませてある有権者署名の解像度がメーカーのマニュアルよりも低く設定されていた。

表5　ネバダ州における疑惑票数

登録住所以外からの不在者郵便票	15,000
死者による票	1,506
ダブル投票（州内居住者による）	42,284
住所記録の無い票	8,000
市民権のないものによる票	4,000
州外居住者による票（州外で投票済）	19,218
署名確認機エラー票	130,000
不正と考えられる票総数	**220,008**
バイデンリード票数	**33,596**

解像度を低く設定したのは選挙管理関係者だった。署名確認の信頼性が極度に低下していた。

ネバダ州では、州内での複数投票が目立ち、その数は4万2284にもなっている。人間による確認（有権者リストの名前、住所、生年月日などの確認）では、99％の信頼性があることがわかっているだけに、これほどの複数投票が起きるのは異常である。この不正票だけでも、バイデンリード票を上回る。

州外居住者による票（州外で投票済）も1万9218と多い。州外居住者は、州外で住民登録がなされているので、ダブル投票は、州外登録時に記録される当該住所の郵便番号をチェックすれば、排除できる。

死者による票が1506もある。国民社会保障番号（Social Security Number）は、死亡すれば死亡として記録される。この記録と郵便票を照合することで、この数字が確認できるはずであった。また8000票以上が、怪しい住所の記載された票であった。このことは投票者の記入した住所を、あるソフトウェア（Coding Accuracy Support System）を使って照合することで判明した。多くの郵便の配達不可能な住所が記載されていた。（注：駐車場や空き地を住所として郵便投票申請された）非市民記録（DMV Records）と有権者登録票を照合することで市民権のないものによる票も4000あることがわかっている。

ペンシルバニア州のケース

表6はペンシルバニア州における疑惑票をまとめたものである。その数は、バイデンリード票の12倍にも達している。同州の特徴的な現象は、選挙監視員に対する不法な取り扱いだった。共和党の公認選挙監視員だけが、物理的に監視不可能な距離に追いやられた。集計作業ルームに近づくことさえできない例も多かった。監視員は、法に基づいて、公正な集計プロセスの実行を監視する義務があるが、彼らは（違法に）1カ所に追いやられ、その義務を果たせなかった。不在者・郵便票が法的に有効であるか確認できなかったのである。

フランク・ライアン州下院議員（共和党）らは州登録有権者数より20万2000も多い

郵便はがき

料金受取人払郵便

牛込局承認

9410

差出有効期間
2021年10月
31日まで
切手はいりません

1 6 2-8 7 9 0

東京都新宿区矢来町114番地
神楽坂高橋ビル5F

株式会社ビジネス社

愛読者係行

ご住所 〒 TEL: (　　) FAX: (　　)			
フリガナ お名前		年齢	性別 男・女
ご職業	メールアドレスまたはFAX メールまたはFAXによる新刊案内をご希望の方は、ご記入下さい。		
お買い上げ日・書店名 年　月　日	市区 町村		書店

ご購読ありがとうございました。今後の出版企画の参考に
致したいと存じますので、ぜひご意見をお聞かせください。

書籍名

お買い求めの動機

1　書店で見て　2　新聞広告（紙名　　　　　　　　　　）
3　書評・新刊紹介（掲載紙名　　　　　　　　　　）
4　知人・同僚のすすめ　5　上司・先生のすすめ　6　その他

本書の装幀（カバー），デザインなどに関するご感想

1　洒落ていた　2　めだっていた　3　タイトルがよい
4　まあまあ　5　よくない　6　その他(　　　　　　　　　　)

本書の定価についてご意見をお聞かせください

1　高い　2　安い　3　手ごろ　4　その他(　　　　　　　　　　)

本書についてご意見をお聞かせください

どんな出版をご希望ですか（著者、テーマなど）

表6　ペンシルバニア州における疑惑票数

選挙日以降に届いた票	10,000
法的に認められた住所以外からの票	14,328
消印日前あるいは消印日当日に集計された郵便票	58,221
封筒に消印日のない郵便票	9,005
死者による票	8,021
ダブル投票（州内居住者による）	742
オーバーボート	202,377
監視員排除下で集計された票	680,774
100歳を超える者の票	1,573
不正と考えられる票総数	**992,467**
バイデンリード数	**81,660**

投票があったことを指摘している。5万8221の不在者郵便投票は、封筒にマークされた消印日前あるいは消印日当日（注：どちらも物理的に不可能）にカウントされていた。9005票は、封筒に消印がなかった。こうした票を有効票とすることは州法に違反する。

1万4300票の不在者郵便票は、法的に認められた住所以外からの投票だった。（注：オフィスビル、駐車場、空き地などの住所）7400票は、他州で登録しておきながらペンシルバニア州でも投票したものである。死者票は8000を超えている。そのことは州の公的記録あるいは蓋棺録（注：親族による新聞などでの死亡公告）との照合で確認された。100歳を超える者の票も1500あった（注：ほとんどが死亡していると推定される）。さ

表7　ウィスコンシン州における不正行為が疑われる票数

法で定められた手続きによらない不在者郵便票	170,140
ダブル投票（州内居住者による）	234
非合法な票取りまとめ行為による票 （注:ホームレスや宗教集会を利用し票を取りまとめる行為を指す）	17,271
「動きがとれない者」による票	216,000
州外居住者による票（州外で投票済）	6,848
集計機不正による票操作	143,379
不正と考えられる票総数	553,872
バイデンリード票数	20,682

らに同一人物のダブル投票も742あった。

ウィスコンシン州のケース

表7はウィスコンシン州におけるおよそ50万の疑惑票の内訳である。同州のバイデンリード票は2万682であったからその25倍の疑わしい票があったことになる。この州で目立つのは、（病気などで）「動きがとれない者」の投票数である。同州法では、写真照合が法で決められているが、こうした票ではないがしろにされていた。一般投票者には写真照合がなされているだけに公平性を欠く。「動きがとれない者」として登録したにもかかわらず、結婚式に出席したり、自転車に乗っていたり、バケーションに出かけたものがいたことがわかっている。

「動きがとれない者」の票が増えたのは、ウィスコンシン州最高裁の示した司法判断が「正しくなかった（incorrect）」からである。誤った判断で、「動きがとれない者」の定義を大幅に緩和した。その結果、７万（２０１９年地方選挙）に満たなかったものが、今回の大統領選挙では20万を超えた。「動きがとれない者」による21万６０００が、疑わしい票となった。

他州で有権者登録しておきながらウィスコンシン州で投票したものは６８４８となっている。この数字は、全国住所移転データベースを照会することで判明した。また、17万票以上の不在者郵便票は、その申し込みが決められた法的手続きなしでなされたものであった。

結論

表８ではっきりとわかるように、２０２０年大統領選挙における選挙不正疑惑票は激戦州６州の総計で３０６万９００２票となっている。これは６州のバイデンリード票総計31万２９９２票を大きく上回っている。だからこそ、選挙の公正・公平性が毀損されたのではないかという疑問に対して真摯な答えが必要なのである。本報告書で示した具体的事例、証拠、統計的数字に鑑みれば、２０２０年の大統領選挙の勝利は、トランプ大統領のもの

表8

選挙不正の疑いある票総数	3,069,002
バイデンリード票総数	312,992

であり、その勝利は不正に盗まれたものであると言って間違いない。選挙プロセスを信頼してトランプ大統領に投票した米国民も、「盗まれた」と思わざるを得ない。

選挙後数週間にわたって、トランプ大統領が選挙不正を疑い、支持者に対して「平和的な抗議」の声を上げるよう訴えたことは当然であった。そうでなければ、彼に投票した7400万人の国民への裏切り行為になっていた。7400万人が、この大統領選挙は自由で公正なものでなかったと疑っている以上、抗議しなくてはならなかった。

ここに挙げた数字を見れば、民主党、主要メディアに属するジャーナリストあるいは名前だけの共和党員らが、「選挙不正の証拠はない」と言い張ることがいかに無責任で馬鹿げているかわかる。先の選挙は、国民の選挙システムに対する信頼を損なう、法や規則を逸脱した数多くの行為があったのである。

ケーブルニュースネットワーク、ソーシャルメディア、新聞雑誌は、選挙の不正に疑いを持つことは忌まわしいことだと主張する。選挙の公正性に疑いを持つ国民は、こうしたメディアの主張に従順である必要はない。メディアの見せている態度は、共産主義国家中国のような全体主義社会であればいざ知らず、わが国の民主主義制度下においては、容認できるものではない。

主要メディア・ソーシャルメディアは、選挙結果を疑うこと自体を恥ずかしいことだ印象付けようと必死である。トランプ大統領支持者あるいは同政権で働いたものを「罰し（punish）」、「忌避（shun）」すべきだとまで主張する。そのような態度はアメリカ的ではない。このままであれば、わが国はジョージ・オーウェルやフランツ・カフカの警告した社会あるいは習近平が作り上げた社会に堕してしまう。修正第1条（表現の自由）の精神、そしてわが国の民主主義そのものが死に至るのである。

次期政権に移行することになるが、本レポートに鑑みて、次の2つの方法をとることで選挙への信頼を回復しなくてはならない。

1　バイデン政権開始前に特別検察官を指名し、選挙不正の有無の調査を開始させる。

2　激戦州の議会あるいは州司法長官も同様の調査を開始する。

そうしなければ、不正のシステムが構造化し、今後多くの国民が選挙への信頼を疑うことになる。ドナルド・トランプ個人の勝ち負けの問題ではない。公平で信頼に足る選挙システムが維持できるか否かに関わる重大な問題である。わが国が、これからも自由で民主的な国家であり続けられるか否かが今問われているのである。

参考

＊1：合衆国憲法修正第14条

https://americancenterjapan.com/wp/wp-content/uploads/2015/10/wwwf-majordocs-constitution.pdf

修正第14条［市民権、法の適正な過程、平等権］［1868年成立］

第1項：合衆国内で生まれまたは合衆国に帰化し、かつ、合衆国の管轄に服する者は、合衆国の市民であり、かつ、その居住する州の市民である。いかなる州も、合衆国市民の特権または免除を制約する法律を制定し、または実施してはならない。いかなる州も、法の適正な過程[*]によらずに、何人からもその生命、自由または財産を奪ってはならない。いかなる州も、その管轄内にある者に対し法の平等な保護を否定してはならない（＊修正第5条の注参照）。

第2項：下院議員は、各々の州の人口に比例して各州の間に配分される。各々の州の人口は、納税義務のないインディアンを除き、すべての者を算入する。但し、合衆国大統領および副大統領の選挙人の選出に際して、または、連邦下院議員、各州の執行部および司法部の官吏もしくは州の立法部の議員の選挙に際して、年齢21歳に達し、かつ、合衆国市民である州の男子住民が、反乱またはその他の犯罪に参加したこと以外の理由で、投票の権利を奪われ、またはかかる権利をなんらかの形で制約されている場合には、その州の下院議員の基礎数は、かかる男子市民の数がその州の年齢21歳以上の男子市民の総数に占める割合に比例して、減じられるものとする。

第3項：連邦議会の議員、合衆国の公務員、州議会の議員、または州の執行部もしくは司法部の官職にある者として、合衆国憲法を支持する旨の宣誓をしながら、その後合衆国に対する暴動または反乱に加わり、または合衆国の敵に援助もしくは便宜を与えた者は、連邦議会の上院および下院の議員、大統領および副大統領の選挙人、文官、武官を問わず合衆国または各州の官職に就くことはできない。但し、連邦議会は、各々の院の3分の2の投票によって、かかる資格障害を除去することができる。

第4項：法律により授権された合衆国の公の債務の効力は、暴動または反乱の鎮圧のための軍務に対する恩給および賜金の支払いのために負担された債務を含めて、これを争うことはできない。但し、合衆国およびいかなる州も、合衆国に対する暴動もしくは反乱を援助するために負担された債務もしくは義務につき、または奴隷の喪失もしくは解放を理由とする請求につき、これを引き受けまたは支払いを行ってはならない。かかる債務、義務または請求は、すべて違法かつ無効とされなければならない。

第5項：連邦議会は、適切な立法により、この修正条項の規定を実施する権限を有する。

第4節　ミシガン州アントリム郡で使用されたドミニオン集計機監査暫定報告書

（Antrim Michigan Forensics Report）
（注：暫定の意味は今後も調査継続の意味である）

２０２０年12月13日

監査人：
ラッセル・ジェイムズ・ラムズランド・ジュニア（テキサス州ダラス郡）

経歴：
ハーバード大学にてＭＢＡ、デューク大学にて政治学学位取得。ＮＡＳＡ（米国宇宙航空局）、マサチューセッツ工科大学などに勤務。複数の政府諮問機関パネル委員を経験。

現在：

アライド・セキュリティ・オペレーション・グループ（ASOG）のマネージメントグループ所属。同グループには、国防総省・シークレットサービス・国家安全保障省・CIA勤務経験者多数。ASOGは、主としてサイバーセキュリティ・オープンソースを利用した調査・ネットワーク侵入テストなどに特化したサービスを提供する。従業員は、サイバー構築及びサイバーセキュリティ対策の専門家である。

ASOGは、サイバーセキュリティおよび安全なネット・ブラウジング環境構築に関わる複数の特許技術（含 申請中）を保有し、本レポートの分析結果はそうした技術を利用して得られたものである。

監査目的と監査結果

目的：

ミシガン州アントリム郡で使用されたドミニオン集計機が、2020年大統領選挙において、信頼できる集計を行っていたかの法科学的監査

結果：

ドミニオン集計機は、意図的に集計エラーを出すように設計されていた。それは、エラーを出すことで（人の目による集計作業を増やし）不正集計を誘導し、選挙結果に影響を与える意図を持った設計であった。

ドミニオン集計機は、通常では考えられない量の読み込みエラーを起こしていた。それによって大量の票が選挙管理委員の判断で（エラー票が誰の票であるか恣意的に決定され）票分けされていた。一連のプロセスは監視人が排除された状況下で進められた。これが選挙不正を惹起した。

当監査チームは、先の選挙におけるアントリム郡におけるドミニオン機による集計結果は承認すべきではなく、ミシガン州においてドミニオン集計機を採用すべきでないと結論する。

次頁表は、明らかに、トランプ票がバイデン票に付け替えられていたことを示している。これについて同郡選挙管理関係者および州務長官（ジョセリン・ベンソン）は、「付け替えの原因は（以前の選挙で使われた）マンセロナ郡での集計機初期設定にミスがあったためであり（機械の不具合でなく）人為的なミスである。大統領選前にあった地方選挙での集計に使った機器がアップデートされていなかったのである」と弁明する。しかし、監査チーム

表1　開票結果と監査による集計結果

集計日・監査日（2020年）	登録有権者数	投票数	バイデン票	トランプ票	その他
11月3日（開票日）	22,082	16,047	7,769	4,509	159
11月5日	同上	18,059	7,289	9,783	275
11月21日	同上	16,044	5,960	9,748	264

は、この説明は間違っており、集計機固有のエラーであり、使用されたソフトウェアに付替えプログラムが内蔵されていたと結論する。

ベンソン長官は11月6日の声明で、「最終トータル票数は、常に集計機による合計票にマッチしている」とも述べているが嘘である。

連邦選挙管理委員会（FEC：Federal Election Commission）は集計機に許容される誤差についてのガイドラインを発表している。それによれば、読み取りミスの発生率は25万票に1回以下でなくてはならない。それに反し、監査対象の集計機の誤差は68・05％にも達していた。この事実は、票カウントにおいて看過できないエラーがあったことを示すものであり、選挙の信頼性を崩壊させている。

この数字は、人為的エラーではなく、そのような結果を導くための設計がソフトウェアに施されていたことを示す。アントリム郡の選挙結果は承認されてはならない。

2020年12月6日、1万5676票を読み込ませる監査テストを実施した。この試験において1万6667票（68・05％）がエラー票となった。この大量のエラー票は選挙管理委員の恣意的判断によって票の行方が決定されることになる。この数字は、ドミニオン集計システム（読み込み機およびソフトウェア）に大きな欠陥があることを示している。同システムは州・連邦政府の基準を満たしていない。

アントリム郡選挙担当者は、（大統領選の前にあった地方選挙での集計データをリセットし機器をアップデートさせる）コンパクトフラッシュカードをセントラルレイク投票区の集計機に提供していた。ドミニオン集計システムは、アップデート前にもその後にも同じように大量のエラー票を出している。州務長官の説明が虚偽であることを示している。

セントラルレイク投票区では、81・96％（1491票中1222票）のエラー率があった。

ドミニオン集計システムは、読み込み可能票とそうでない票に振り分ける。読み込み不能票は、人為的な判断で票の行方が決められる。それがどのようなプロセス（判断基準）で、振り分けられたか記録がない（注：監査できない）。振り分け作業は監視されていなかった。この開票プロセスには致命的な欠陥があり、選挙そのものの信頼性が損なわれていることの証左である。

2020年大統領選挙のエラー率は、それ以前に行われた選挙での数字とは比較できないほど高い。これは（何者かが）ある思惑をもって作り出した人為的エラーである。「大量のエラー票を出し、監視の目のない環境で票の仕分けをさせる、仕分け記録は残さない」という計画があった。けっして（州務長官が主張するような）単純ミスの結果ではない。

振り分け作業の過程で、どのように不正がなされたかの具体的説明は以下のツイッターに示された動画に詳しい。

https://mobile.twitter.com/KanekoaTheGreat/status/133688845453842841 4. A

（注：ツイッター社は当該ツイートを既に削除している〔2021年2月20日確認〕）

アントリム郡においては、集計システムのアップデートが杜撰であった。選挙管理関係者の無能、度を超えた不注意、悪意あるいは意図を持ったプランによって、州あるいは連邦政府の基準を満たしていなかった。ドミニオン集計システムは、現行のミシガン州法に照らしても決して2020年大統領選挙に採用されることがあってはならなかった。（中略）

ここで特記しておかなくてはならないのは、これまでの選挙においては、人為的な判断で票の行方が決められた場合については、そのログが規則通り記録されていたことである。ところが、2020年大統領選挙ではそれが消えている。このためにまともな監査を不可能にしている。これまでも同様のソフトウェアを使用しているにもかかわらず、先の選挙についてのみログが消えている事実には疑念が湧く。記録（ログ）は州法によって保存が義務付けられている。これでは仮に州務長官が監査を決めたとしてもそれができない。記録は何者かによって意図的に削除されたものと考えざるを得ない。

付言すれば、すべてのサーバーに記録されている集計機セキュリティログについても、２０２０年11月４日午前11時03分以前の記録が抹消されている。これも監査を難しくしている。この記録があれば、コンピューターセキュリティを確認する各種情報を得ることができた。各種情報とは以下である。（注：正確を期すため英語表記をそのまま記す）

Domain Control
Authentication Failure
Error Codes
Time Users Logged on and off
Network Connections to file servers between file accesses
Internet Connections
Times
Data Transfers

こうした情報が残っていれば、選挙集計システムに、第三者からの侵入があったかを確認できた。これまではこうしたデータは保存されていたことを考えれば、意図的な消去があったことは確実である。

２０２０年11月21日、何者かがすべてのデータを消去しようとした形跡があるが失敗している。データの消去や書き換えはあったし、それは現在も継続していると考えられる。ドミニオン集計機の読み取りプログラミングは選挙前の２０２０年10月23日にセットされた。選挙後の11月５日にも行われプログラミングが変更されている。われわれの監査では、この変更で読み取り結果が大きく変わっていたことが確認された。法律（Help Vote America Act）では、90日間は変更が禁じられている。変更すれば機器の再承認が必要となる。ミシガン州は、連邦政府指定の集計機検査機関の承認基準に従わなくてはならない。それは州議会の決定である。

選挙後にこの規則に違反してプログラムを変更したのは、不正の証拠を隠滅するためである。選挙時に使用されたプログラムが検査されたら認証取り消しのおそれもある。既に述べたように、セントラルレイク投票区の監査で、票の読み取り結果がプログラム変更前と後では異なることが実証されている。10月23日の変更も11月５日の変更も違反行為であった。ドミニオン集計機取り扱いガイドライン（マニュアル）に起因する人為的エラーだとする州務長官の説明は嘘（False）である。

　ドミニオン票読み取りスキャナーは、インターネット接続が可能である。われわれはそれを実験によって確認し、読み取られたデータが、他のプログラムよって加工されデータのやり取りが可能であることを確認している。集計の安全性を確保するには、ネットワークに接続されていてはならない。われわれの監査で、データが確かに、消去されたりどこかに移された事実があったことが確認された。誰による操作か、あるいはデータの移動先については調査を継続する。

　大量のエラー票の投票先は選挙管理委員会の担当者の目によって（恣意的判断で）決められた。その量に鑑みれば、その作業は相当に「粗っぽかった（いいかげんであった）」と考えざるを得ない。

　監査を継続しているが、異常なエラー率は、アントリム郡の2020年大統領選挙の公正性を疑わせるものであり、正式承認されるべきではない。同じ集計機はミシガン州の他の48郡でも使用されていたことから、ミシガン州全体の集計結果についてもその信頼性は疑われる。

〈中略：この部分はオバマ大統領時代に出された、選挙システムの信頼性を担保するため

の一連の大統領令の内容を説明した部分〉

トランプ大統領は、2018年7月、オバマ時代の大統領令を一層強化した大統領令を出した。選挙プロセスが、外国勢力やその影響を受けたソーシャルメディアなどによって干渉されてはならないこと、電子機器（集計機器）の意図的操作や人的な悪意あるプログラム変更を許してはならないことなどを命じた内容であった。

2018年大統領令（第一項A）は、国家情報長官は、選挙後45日以内に、他の省庁と協議の上、外国政府（及びそのエージェント）の干渉があったか否かについてアセスメントを実施し、結果を報告しなくてはならないと規定する。アセスメントにおいては、可能な限りの信頼度で、外国勢力の干渉内容を明らかにしなくてはならない。資金を提供し干渉を指令した国、干渉に関与した人物は明らかにされなくてはならない。国家情報長官は、アセスメント報告書および付属資料を、大統領・国務長官・財務長官・国防長官・司法長官及び国土安全保障省長官に提出することが決められている。（注：ここにある国家情報長官のアセスメントが後述の「ラトクリフ（国家情報長官）報告書」である。CIAの抵抗があったといわれ、45日以内の発表が間に合わず、2021年1月に入ってからの報告となった）

本監査チームは、長官アセスメントにおいて、中立の専門家を採用し、ミシガン州においてエラー票の投票先決定のプロセスを明らかにすべきであると主張する。国家安全保障にかかわる重大な案件だからである。

グスタフォ・デルフィーノ（ミシガン州在住）は、ベネズエラの大学で数学教授をつとめ、ミシガン大学を卒業している。先に、ドミニオン集計機はスマートマチック社製集計ソフトを使用していると書いた。デルフィーノは、同ソフトが「生来的に」持つ脆弱性について証言している。彼は、２００４年にベネズエラで実施された国民投票について分析調査した。４年を費やした調査報告書は、その後3年にわたる査読の期間を経て、「統計サイエンス（Statistical Science）」誌（２０１１年11月号）に掲載された。同誌は権威ある科学専門誌である。論文タイトルは「２００４年ベネズエラ国民投票の分析：最終結果と国民請願の比較分析」であった。

デルフィーノらは、複数の数学的解析手法を用いて、集計機に使用されたプログラムのアルゴリズムが、選挙結果を恣意的に操作できるようになっていたことを発見した。それだけではなく、アルゴリズムの埋め込まれている具体的なロケーションの特定にも成功した。その結果、集計機がはじき出した最終公式結果と真の投票結果の間に、１３７万票の乖離があることを発見した。本監査でも、デルフィーノらの手法を用いている。

われわれ監査チームはアントリム郡を2回訪問した（２０２０年11月27日、12月6日）。

11月27日には、セントラルレイクおよびマンセロナの投票所でドミニオン集計機およびその結果を監査した。

12月6日には、アントリム郡で使用されていた集計ソフト（Dominion Democracy Suite バージョン5・5・3-002）、郡内集計所で使用されたコンパクトフラッシュカード、USBメモリースティック（投票スキャナーに使われたもの及び選挙人名簿照合用）を用いて集計の再現テストを実施した。（注：これに続いて、セントラルレイク投票所及びマンセロナ投票所監査報告書について詳述されているがテクニカルな内容のため略す）

第5節　ジョージア州上院法務委員会委員長報告書

２０２０年12月17日

概要

当法務委員会は、選挙法を検討する小委員会を設置している。選挙プロセス、再集計、先の大統領選挙における（異常性の）調査、監査プロセス、選挙関連訴訟、来月実施される上院選挙（注：ジョージア州では上院選挙で勝利するためには過半数の票を要求している。２０２０年11月３日には、過半数を制した候補がなかったために再選挙（２０２１年１月６日）が予定されていた）などについて検討対象とする小委員会である。また、現在進行形の選挙関連訴訟に鑑み、選挙に関わる州法についての検討も行われている。本報告書は暫定的であり、来年（２０２１年）の連邦上院議員選挙前に、修正される可能性がある。

２０２０年12月３日、小委員会が開催され、公聴会が開かれた。この公聴会は一般公開され、州民に自由な意見を開陳する場を提供した。委員会メンバーは、選挙区から寄せられた情報を公表もした。（中略）本委員会だけでなく、上院州政府問題委員会（Senate Governmental Affairs Committee）あるいは下院監査委員会においてもヒアリングは行われている。時間的都合により公聴会で証言できなかったものは、オンライン証言あるいは書面による宣誓供述書を届けてくれている。

本報告書は、委員長判断によるものであり、小委員会および法務委員会の承認手続きは経ていない。しかし、委員長には、州民に現在までにわかっていることを知らせる義務がある。これが本報告書発表の目的である。ここには、これまで得られた証言（含宣誓証言）が要約してまとめられている。詳細については、公聴会の実際の録画を確認されたい。

要旨

２０２０年11月3日の大統領選挙はカオスであった。選挙結果は信頼性が疑われている。本委員会は、証人の発言や宣誓供述書により、そのカオスを示す証拠を収集した。そうした証拠は、票の管理が開票作業中もその後も極めて杜撰であったことを示していた。証言は、大量の不正票が投票され、それが有効票としてカウントされていた可能性が高いことを示していた。

多くの証言により、不正を疑われる票が大量にありながら、それが検証できない状況になっていることがわかってきた。その原因は選挙管理者が一般投票（投票所投票）と郵便投票を規則通り仕分け管理していなかった無能（inability）であった。署名照合プロセスも法に従ったものではなかった。

集計監視員の証言で、投票済用紙の管理も杜撰であり封印もされていなかったこともわかっている。要するに票管理そのものができていなかったのである。再集計作業でもその杜撰さは変わっていない。（注：不正を疑う声を受けて同州は再集計した）票を入れたボックスが、封印されないまま長時間、中には夜通し、誰の管理もないまま放置されていた。

この事実は、法の無視、集計担当者のいい加減なあるいは悪意を持った管理業務があったことを示している。他にも、軍関係者票（注：軍人票にはトランプ票が多い）や開票データの入ったラップトップコンピューターやフラッシュメモリーのぞんざいな取り扱いも確認されている。集計機器の不具合が多発し、同じ票が複数回カウントされたとの証言もある。

不在者・郵便票の集計監視作業が妨害されていたとの証言も多い。妨害行為は、（何者かによる指示による）組織的なものであった。再集計時における共和党監視員に対する露骨な妨害があったことは多数の証言でわかっている。集計作業場への案内もなく、集計所のドアが施錠されていたり、早い時間での帰宅を強要されたりした。残ることができた監視員も意味のない単純監視作業を強いられた。

監視が許された場合でも、とてもその仕事ができない距離に立たされた。ソーシャルディスタンスは仕方がないとしても、投票用紙の記載内容を映し出すモニターを見ることもできない距離に立たされた。集計作業のチェックもできず、修正された票が誰の票に仕分けされたかも確認できなかった。この仕訳データがＡＲＬＯシステムにインプットされたかの確認もできなかった。（注：ＡＲＬＯは集計機の結果の正確性を事後に解析するためのプログラム）また口頭でも、ＡＲＬＯへのインプットの有無を知らされていない。州政府は、「州務長官が最終結果を発表する」の一点張りであった。監視員は、現場の写真を撮ることもビデオに収録することも禁じられた。写真やビデオは選挙管理委員会のルールで禁じられているという理由であったが、このルールそのものが（公正で信頼できる選挙を担保しているはずの）選挙法の精神に違背する。

州務長官事務局はこの件に関して一切コメントしておらず、問い合わせにも答えようとしていない。これは重大な業務上の過失・怠慢である。

ドミニオン集計機については、数多くの疑念が呈されているが、残念ながら当委員会にはそれを調査する時間がない。しかし、集計機に不具合があった事実、集計機が不正票をダブルカウントでき、熟練のオペレーターでさえもそれを見破ることが難しいことを示す証拠（や証言）が多数あることを確認した。また集計機はワイアレス機能によって、リセットできるとの証言もある。さらに、集計プログラムは、候補者間で票を移動させるアルゴリズムが内蔵可能であるとの報告も受けている。また同集計機は、票の全数を使わず票の一部のカウントで最終結果を表示しているとの指摘もある。

集計機メーカーであるドミニオン社については、社歴やその所有者（資本関係、支配関係）が不透明であり、外国敵対勢力からの干渉の可能性があることも当委員会は承知している。

注：ドミニオン社の資本関係は複雑だが、スイス・中国系金融機関を通じてソロスや中国共産党とつながっていたことは２０２０年12月初め頃には報じられていた。例えば以下のニュースがある。

Dominion Voting Systems Linked to Soros, China via Swiss Bank that Paid It $400M in October, Headline USA, December 1, 2020

https://headlineusa.com/dominion-linked-soros-china-ubs/

証言のまとめ

杜撰な票管理・コンピューターシステム管理

ブリジット・トーンは、過去9年に渡ってフルトン郡の選挙集計作業・投票所管理責任者を務めた。2020年大統領選挙では、期日前投票分の開票作業に5日半従事した。場所は、ジョージア・ワールド・コングレス・センターの臨時倉庫内であった。同倉庫の管理はドミニオン社が請け負った。選挙管理委員会職員にコロナウイルス感染者が出たというのが理由であった。

トーンは、同倉庫内の票管理がまったくできていないことに危機感を持った。集計機は、集計作業前にテストランを行うのだが、そのテストに公式投票用紙（ローランド社製投票用紙）を使用していた。テストに利用した用紙は、テスト用とマーキングされておらず、テスト後に破棄されていなかった。トーンは、そうしたテスト用投票用紙が8インチ（20センチメートル）の高さにもなって置かれていたと証言している。

10月30日、フルトン郡にあるステートファーム・アリーナでの期日前投票所受付は終了した。その後40台から50台のスキャナーが同所に運び込まれたのをトーンは見ていた。スキャナーに、身分のよくわからない作業員が大量の票をランダムに読み込ませていた。これは管理手順を無視したものであった。作業員は宣誓もしていなかった。トーンは抗議したが、ドミニオン社の社員は、「問題ない。これと同様の作業をずっとやってきた」と答えるだけであった。トーンは、その夜、帰宅前に、票が詰め込まれた複数のスーツケースが管理されていない状態で、スキャナー横に置かれていたのを見ている。

翌朝、トーンが現場に戻ると、票の入ったスーツケースが部屋の隅に封印状態で積まれていた。積まれていた場所は誰でもアクセス可能であり、封印もいい加減なものであった。従って、積まれたスーツケースのいくつかを勝手に持ち去ったり、スーツケースを開くことも容易にできた。作業員が、監視中の彼女の前に票の束を持ってきたが、テスト用に使われたものか、本物の票であるのか確認できなかった。

同夜には、彼女は、ドミニオン社およびコンサルタント会社（Election Group Consultant）の職員が「テスト用」と書いたラベルを印刷していた。その様子から、誰でも「Real Ballots（本物の票）」とも印刷することができることがわかった。

憂慮した彼女は、目撃事例を州務長官事務局及び選挙管理委員会に報告したが回答はなかった。彼女は、この件について当委員会で証言したが、フルトン郡のコンサルタントを請け負う人物から、解雇を言い渡された。

監視の無い状況での集計作業

ステートファーム・アリーナでは選挙日夜、開票集計作業が始まっていたが、選挙管理関係者が監視員およびメディアの記者に対して、何事か話すと、監視員も記者も荷物をまとめてアリーナから退去した。メディアの記録から午後10時ころであったことがわかっている。彼らはこの夜の集計作業は終了し、作業再開は翌朝になると告げられていた。しかし、同アリーナ内に設置された監視カメラの映像から、それが嘘だったことが明らかになった。

6人の集計人が、監視員と記者が去った後にも、監視の無い状況下で集計作業を続けていた。彼らの行為は予め計算されたものであった。集計所に置かれた机の下に隠された票の入った複数の箱（スーツケース）が取り出され、2時間にわたって集計が続けられたのである。これは、明白な違法行為である。この間に数台の集計機が稼働していたことがわかっている。集計機は1台あたり1時間に3000票の処理能力がある。州務長官事務局はこの間に、同事務局の代表が立ち会ったと説明し、メディアもそのように報道している。しかし、これは嘘である。立ち会ったとされる人物は、自らそこにはいなかったと語っているし、監視ビデオにも当該人物は映っていない。

デイヴィッド・クロスは公聴会で証言できなかったが、宣誓供述書を提出している。彼の示したグラフによれば、11月4日深夜（午前1時59分）に、バイデン票が突然の伸びを示している。上記の「事件」があった時期である。その数は13万6155票にものぼっていた。

スコット・ホールはフルトン郡在住で監視員経験がある。彼は、ある部屋がランチルームに指定されているのを見て、そこに持参のランチを持って入ろうとすると、入室が断られた。そこは監視カメラの無い部屋だった。ところがそこには開票・集計台が設けられており、監視員のアクセスは禁じられていた。彼は、「そこには何の管理もされていない大量の（記入されていない）投票用紙の山があった」と証言し、その部屋の写真も撮っている。

ホールは、10の集計台に一人の監視員という（フルトン郡が設定した）規則は不適当であるとも指摘している。（ステートファーム・アリーナでの）集計監視作業で忙しくしているにもかかわらず、突然夜10時という時間に、他所（ワールド・コングレス・センター）での監視に行くよう求められたこともあった。彼は、フルトン郡における開票・集計作業は明らかにおかしいと主張する。

マーク・アミックの証言によれば、デカルブ郡（Dekalb County）の再集計作業の監視でも10の集計台に一人の監視員と決められた。集計作業台にはそれぞれ16人の集計作業員が配置されていただけに、まともな監視はできない。その上、監視員は集計台から2メートルほどの距離を保つように要求され、カウント票を示すモニターの確認も難しかった。

スーザン・ボイル（サンディスプリング在住）は、11月14日、ステートファーム・アリーナでの集計作業担当マネージャー（poll manager）だった。彼女の証言によれば、「その日の再集計が終了となっても、集計台には票を載せたパレットがそのまま置かれ（放置されていた）」、「翌日すぐ集計作業に入るためにそうしている」と説明された。彼女が、翌15日朝に、集計現場に来ると、放置されていたはずの票の山は消えていた。

11月15日、彼女は同僚と集計作業を始めたが、わずか60票ほどの集計を済ませた午前10時、周りの集計台には数千もの票が残っているにもかかわらず、彼女も同僚も、共和党監視員とともに、集計所からの退去を求められた。彼女は、本委員会で証言後、フルトン郡の選挙コンサルタントにより解任された。

サバンナ市のトニー・ベリソンと退役軍人の男の二人はチャタム郡の再集計作業の監視員だった。二人は、「再集計作業には一切監視の目がなく、メチャクチャ（disgusting）な状態であった」と証言している。ベリソンは、票の改竄がやり放題の状況を目の当たりにして、「信頼性はまったくない」と断言した。

他にも、「あまりに集計作業の現場から遠ざけられたために、監視することがまったくできなかった」（ナンシー・カイン：デカルブ郡）、「票の通し番号が見えるほどに近づいてはならない、と命じられた」（ヘイル・スーシー：スマイナ市）と言った証言もある。

杜撰な票管理

票管理の杜撰さを示す証言は多数ある。

アネット・デイヴィス・ジャクソン（グイネット郡監視員）は、ペーパーバックアップ票（注：機械読み取り後に別途保存するプリントアウト票）の入った箱のロックが壊れていたのを見ている。

スコット・ホール（フルトン郡監視員）は、ワールド・コングレス・センター集計所で、票の入った9つの袋が管理されない状態で放置されているのを見つけ、写真に撮ろうとした。しかし、彼は同センターからの退去を命じられた。

ダナ・スミス（ハート郡監視員）は、ペーパーバックアップ票が麻袋に入れられ放置されているのを見た。それは郡選挙監督官オフィスに移送されるものであった。スミスは、地区選挙管理責任者に注意を喚起し、施錠させた。しかし、担当者は票の移動管理記録を残すことを拒否した。彼女は、ペーパーバックアップ票印刷用紙の管理もできていなかったと証言した。

ハル・スーシーは、コブ郡及びフルトン郡の再集計作業に立ち会った。フルトン郡の集計所（ステートファーム・アリーナ）に、票の詰め込まれた「スーツケース」がそこら中に置かれていた、と証言した。管理記録がなく、（スーツケースの）票がいつ持ち込まれたかも不明であった。誰か（注：おそらく集計人）が、（管理記録に記帳もせず）票を出し入れしていた。監督する人物はおらず、また何者かがその人物に、どこからかもってきた票（の束）を渡しているのを目撃した。

無垢の（何も書かれていない）怪しい不在者郵便投票用紙

11月14日、先述のスーザン・ボイルはステートファーム・アリーナの集計作業にあたっていた。彼女は、これまで20年のフルトン郡での経験がある。そこで110の不在者郵便投票の束を見た（一束は100枚である）。それらはすべて折り目のない未使用の「無垢の」用紙に見えた。それでもそれぞれの同一カ所にマーキングされていた。インクも印刷されたばかりに見えた。ほぼすべてがバイデンにマーキングされていた。トランプ票はわずか2票だった。ボイルは20年の経験の中でそうした不在者郵便票を見たことがなかった。既に書いたように、彼女は証言の後に解雇された。

上述のハル・スーシーも、ボイルが見たという「無垢の」票を目撃したと証言した。

同じく上述のスコット・ホールも、ワールド・コングレス・センターの再集計作業の際に、似たような大量の不在者郵便票を見ていた。すべての票が機械で印刷されていたように思われた。委員会には、これ以外にも出所不明の「無垢の」票を見たという証言が多数寄せられている。

票の複製

ナンシー・カインはデカルブ郡で集計監視にあたった。彼女はロワー・ロズウェル・ロード集計所における期日前投票の集計作業の監視を担当した（11月3日）。11月5日午前10時には、ステートファーム・アリーナでの集計作業の立ち合いに向かった。そこでは彼女が何者であるかをチェックするプロセスはなかった（監視員身分証明書の提示を求められなかった）。彼女は、監視員でない人物が多数集計所に入り込んでいるのを見ている。

彼女は一人の若い男が、集計機に懸命になって票を読み込ませようとしているのを目撃した。選挙管理責任者の説明によれば、軍人票はその内容を、機械読み取りを可能にする別の用紙に移し替える必要があるとのことであった（彼は移し替えた票を読み取らせるのに苦労していたようであった）。しかし、移し替え作業の監視はされていない。（後にわかったことだが）この若い男は、選挙管理スーパーバイザーの弟だった。要するにこの男がやっていたのは他人の票（軍人票）を、その人物になりかわって投票する行為と変わらなかった。

彼女は、この模様をビデオに録画し、スーパーバイザーとの会話も録音した。

これも前述のマーク・アミックの証言であるが、彼は、暫定票・軍人票・海外在住者票の集計を監視した。フルトン郡のもので、11月6日の早朝から午後10時15分まで立ち会った。州務長官事務局から派遣された監視担当者はその日の午前中には一人もいなかった。担当者は、(正午頃には)やってきたが現場にはほとんどおらず、控室に座り、電話があると部屋を出て話し込んでいた。アミックが、担当者を集計現場で見たのは午後5時53分のことであった。しかし、その担当者は6時2分には部屋に戻っていた。アミックは、午後10時15分に現場を退去したが、その間、当該担当者は一度も集計現場に行っていない。

監視員のアクセス拒否

マーク・アミックは、州全体の監視資格を与えられている。そうでありながら、バーミンガム・フォール小学校投票所への立ち入りを拒否されている。彼以外の監視員に対する立ち入り拒否が多数あったことは本委員会に報告されている。

むき出しの敵意

ヘイル・スーシー(監視員)は、コブ郡で集計機が使用されているのを見た。同郡では集計に読み取り機器を使うことは認められていない。（異議があったため）翌日は規則通りの人力による読み取りに切り替えられた。彼は、票の内容を読み上げる担当者が、2分間の観察で3度にわたってトランプ票をバイデン票と伝えた（読み上げた）のを見た。この間違いはもう一人の担当者が指摘し矯正されたが、他の集計台ではこうしたダブルチェックがまったくなされていなかった。そこでの集計作業の監視をしようとすると、集計担当者から悪口雑言が浴びせられた。こうした事例は他にも多くあったことは本委員会に報告されている。

集計数字の明らかな異常

マーク・アミックは、11月15日、デカルブ郡の再集計作業に立ち会った。ある投票箱の集計結果はバイデン票1万707、トランプ票13という異常な数字だった。アミックが数字の異常性を指摘すると、集計担当者は苛立ちを見せた。結局再々集計に応じたがその結果は、バイデン票1081、トランプ票13であった。この数字も異常であるが問題は消えた9626票である。アミックは、どちらの数字が最終集計に使用されたか確認できていない。

スーザン・ボイルも、ステートファーム・アリーナで、トランプ票はわずか2票という不在者投票の束をみている。

ハル・スーシーも、同じステートファーム・アリーナで、8インチ（20センチメートル）の高さの票の束を見た。その束になった票すべてがバイデン票であり、トランプ票はゼロであった。スーシーは、マーケティングの専門家であり、100%がバイデン票という束はあり得ない、と述べている。

無資格者票のカウント

マーク・デイヴィスは、郵便公社の記録を使い実際に投票した人物の住所を照会した。その結果、14980人が州外に移住していながら、ジョージア州で投票していた。州内でも、4万2779人が郡を変わる移転をしておきながら元の郡で投票していた。（選挙日30日以前に転居の場合、元の郡での投票はできない）これはジョージア州法違反である。また、彼は、予備選挙についても調査し、およそ1000人が複数回（2回）投票していたことを確認した。先の大統領選挙でも複数回投票があった可能性が高い。

変更された手続の違憲性

ジョン・C・イーストマン博士（元チャップマン大学ファウラーロースクール学長、現クラレモント・インスチチュートフェロー）（注：クラレモント・インスチチュートはカリフォルニア州の保守系シンクタンク）は、州議会の選挙に関わる権限とその委譲の法律構成について証言している。彼は、合衆国憲法第1条第4節第2項及び第2条の選挙人選出についての詳細な解説をされた。それによれば選挙人には、自由で公正な選挙を通じて示された州民の意思に沿った行動が求められる。仮に、議会の決めた法に従わない選挙不正があった場合、選挙人に移譲された権限は議会に戻されなくてはならない。その上で、（不正選挙で決められた選挙人でなく）議会は独自に選挙人を指名することができる。彼はブッシュ対ゴア及びマックファーソン対ブラッカーの2つの判例を上げて解説した。

また博士は、選挙管理の官僚が州議会の定めた法やルールを無視した選挙（や集計）を実施した場合、議会はその結果を無効にできるとの解釈を示した。合衆国憲法第1条第4節にそれが明記されている。州行政府（州選挙管理委員会）は、選挙手続を州法に基づいて実施しなくてはならない。ただし、ある特定の州法を無効にする連邦法がある場合は例外となる。州行政府による恣意的な州法の変更、無視は許されない。

博士は、先の大統領選挙において、法を無視する事例が多発していたと証言した。およそ6万6000の非有権者である未成年票、2500の犯罪者（非有権者）票が有効票とされていた。これは当然ながら不正行為である。住所の確認できない票も多数あった。

博士が最も問題視する不正は、ジョージア州務長官と民主党が交わした2020年3月協定（覚書）である。これは、署名確認プロセス（手続）を変更（簡易化）するものであり、州法違反である。

合法票、非合法票が混在した選挙結果は承認されるべきではないと博士は主張する。州政府は、州議会が定めた規則による選挙管理手続に従っていない。そのような選挙での開票結果によって選挙人を指名してはならず、議会が（その結果にとらわれず）独自に選挙人を選出すべきである。これが博士の主張である。

ドミニオン集計機に関わる問題

ラッセル・J・ラムズランド・ジュニアはサイバーセキュリティ対策の専門家である。彼は、専門家チームとともに、全米各地で使用されたドミニオン集計機からデータを収集し分析した。彼の証言によれば、同機が使用された州での分析では、バイデン候補の票が常に5％上回る結果を出していた。統計的に言えば5％は驚くべき数字である。彼のチームはさらに細かく郡別のデータを分析した。ドミニオン機が使用された郡に限った分析では、バイデン票は78％という数字が出た。他社の集計機が使用された郡での数字は46％だった。この数字の異常性を考慮した計算モデルを使って推計した異常なバイデン票の数は、モデルによって若干の差はあるが、12万3000から13万6000票となる。

ラムズランドは、ジョージア州における不在者・郵便票の無効率が激減していることも確認した。2016年には6・4%だったものが2020年選挙ではわずか0・2%であった。またジョージア州には9万6000票の「幽霊票」があったことも発見している。幽霊票とは、有効票とカウントされていながら、その票がどこからきたものかわからない（受領記録がない）ものである。

フィル・ウォルドンは、電子戦争における情報戦に携わった退役軍人である。彼は、先の選挙はまさに電子戦争であったと述べている。ドミニオン社だけでなく他の集計機に使用されているソフトウェアを調査したが、そのすべてがスマートマチックと呼ばれるプログラムのDNAを持っていたことがわかったと解説している。

同氏の、ミシガンで使用された集計機の分析によれば、どれもサイバーセキュリティ対策が脆弱だったことがわかっている。経験あるハッカーであれば、2分もあれば集計機への侵入ができる。不慣れなハッカーでも12分もあれば充分である。侵入する経路は12あることがわかっている。さらにドミニオン社は、集計データを米国外に送信していたことも確認された。

またウォルドンは、ドミニオン集計機には票分割機能が設計されていた。（注：1票をバイデン票・トランプ票に分割すること）このような機能を集計機に組み込むことには合法的な理由がなく、得票数を操作するための機能に他ならない、と説明している。

連邦法（USC Title46）は、スキャンされた票のイメージデータは、22カ月間保存することを定めている。実際にそれがなされているかは法科学的分析によってのみ確認できる。ウォルドンは、その確認作業が必要であると訴えている。集計機のデータ読み込み能力は1時間当たり2000から3000である。また彼の調査によれば、集計機および不在者・郵便票の管理がまったく欠如していたこと、11月4日午前3時36分に考えられないほどの票が集計機にかけられたこともわかっている。

こうした異常に鑑み、ウォルドンはより完全な法科学的な調査が集計機および不在者・郵便票に対して実施されるべきであると主張する。例えば、集計された票の中に、大量に印刷された（注：バイデンに機械的に印刷された票）ものがなかったか確認する必要があるからである。

スコット・ホール（フルトン郡）は、ドミニオン機のデータは容易に操作でき、また実際にそれがされていたことを証言した。（後略：テクニカルな方法についての説明）

集計プロセスに影響を与える外部要因

スコット・ウォルター（キャピタル・リサーチ・グループ）は、マーク・ザッカーバーグ（注：フェイスブックオーナー）の運営するNGO団体CTCL（Center for Technology and Civic Life）による有権者「啓蒙」活動が選挙結果に影響を与えていたと分析している。CTCLは、地方自治体に多くの献金を行っている。献金はひも付きではなく各自治体の自由裁量で使えることになっているが、献金先の95％が民主党の強い地域であった（２０１６年にはクリントンを、２０２０年にはバイデンを選んだ郡）。その結果、CTCLの寄付を受けた10郡のうち9郡で、これまでになかったレベルで民主党票が激増した。（後略）

自分の票も確認できない例

グレイス・レノン（ジョージア技術大学生）は、10月23日、期日前投票所に出向いた。投票しようとすると、係員から彼女は既に郵便投票用紙を送られていると知らされた。彼女の宣誓供述書に依れば、郵便投票の申請はしていないし、投票用紙も受け取っていない。それでも、期日前投票所では、機械による投票を許された。翌日、何者かが彼女になり替わって10月7日に不在者・郵便投票を済ませていたと知らされた。彼女は、どちらの票が自身の票としてカウントされたか確認できないでいる。グレッグ・ドレザール州上院議員によれば、ほとんどの上院議員が彼女と同様の経験があったという証言を聞いている。

証言・証拠で明らかになった事実

1 ２０２０年11月3日の大統領選挙はまさにカオスであった。選挙結果は信頼できない。

2 州務長官および選挙管理委員会は、州法が規定する規則に沿った選挙の施行に失敗した。その上、州法の精神に背く手続きの変更を行った。12月3日の公聴会でマット・ブラス上院議員は次のように発言している。

「州法は繰り返し繰り返し無視された。それを示す証言・証拠を確認した」

3 州務長官は、不在者・郵便票の署名照合プロセスの透明性を担保していない。それは再集計でも同様であった。署名確認のためのガイダンスを出しておらず、それを監視する体制もなかった。

4 州務長官は、再集計時の写真・ビデオ撮影を禁じた。この命令は違法である。

5 選挙管理委員会の集計担当者は、テスト用投票用紙と実際の（本物の）票との仕分けをしていない。決められた手続きは無視されており、票管理はすべての過程で杜撰であった。

6 州務長官および選挙管理責任者は、（共和党系の）ボランティア監視員に対する集計現場での敵対的態度を矯正させていない。

7　ステートファーム・アリーナ集計所の選挙関係者の行為には特に問題がある。彼らは、集計作業を公開することを拒否した。これは悪質な違法行為である。監視の無い時間帯に集計された票の数は、大統領選挙結果を容易に左右する。また、集計担当者みずから不法票（無効票）を、有効票としてカウントしていたらしいこともわかっている。

8　NGO団体からの寄付金が、選挙管理関係者に（民主党に有利になるような）偏向的な集計作業をさせる要因となっていた。

9　2020年12月3日の公聴会における証言およびその後に提出された書面による宣誓供述書に鑑みれば、ジョージア州における先の大統領選挙には、組織的に計画された異常プロセスや不正行為があり、選挙結果が歪められていることは確かである。従って、この結果は承認できない。

今後の対処法について

不在者・郵便票について

州法は、不在者・郵便票は選挙日まで開封してはならないと定めている。（今回の選挙ではこれに違反する行為があった）この規定に加え、合法票のみをカウントすることを担保する規則を導入しなくてはならない。
少なくとも、以下のプロセスの徹底が必要である。
写真による本人確認
署名確認の厳正化
不在者投票はその必要が合理的に認められる有権者に限定
郵便投票は、登録有権者の申請に基づいてのみ実施（注：申請していない者への用紙の発行は中止）
街中・公園などにおける投票箱設置の禁止（この行為は現行法に照らしても違法である）

票管理の徹底

票はすべてのプロセスにおいて管理が徹底されなくてはならない。集計機テスト用投票用紙、未使用投票用紙、ペーパーバックアップ票印刷用紙の厳正管理も当然にこれに含まれる。

違反行為に対する罰則は明確に規定されなくてはならない。

集計担当者の管理は徹底されなくてはならない。集計所への入室・退室については氏名と時間が記録されなくてはならない。

集計プロセスを常時監視するカメラを設置すべきである。票や用紙などが保管されている場所についても同様に監視カメラを設置しなくてはならない。

監視員アクセスの担保

集計プロセスは有権者のだれでもが監視できるようにしなくてはならない。集計人の票読み上げを確認し、その通りの票の振り分けになっているか確認できなくてはならない。また、署名確認プロセスおよび票管理上の封印プロセスについても監視可能でなくてはならない。監視員は意味ある距離で、集計、表記・転記、ＡＲＬＯ入力、封印開封などのすべての作業について監視が許されなくてはならない。

監視員の数は増やさなければならず、開票作業等に異議がある場合はその場で直ちに透明性のある処置が取られなくてはならない。

集計責任者（選挙管理委員会関係者）による、監視員に対する敵対的態度は直ちに改められなくてはならない。必要があれば責任者は解任されなくてはならない。

憲法に違反する非公開命令の否定

集計作業や監査作業を撮影することを禁じてはならない。投票所においても、投票の秘密性を担保している限り、撮影は許されなくてはならない。従って、州選挙委員会はカメラやビデオの持ち込みを禁止してはならない。こうした機器によりはじめて選挙の透明性が維持される。（後略）

違反者の処罰

ジョージア州捜査局（ＧＢＩ：Georgia Bureau of Investigation）および州司法省は違反行為を徹底的に調査し、違反者（違法票を投じた者や、ダブル投票したものなど）を処罰しなくてはならない。そうでなければ不法行為は繰り返される。

ＧＢＩは、先の選挙における不法行為を調査する特別本部を設置すべきである。捜査の進捗は定期的に法務委員会に報告されなくてはならない（但し、州務長官およびその事務局関係者の捜査情報については除外する）。ＧＢＩは、既に宣誓供述書が出ている案件から捜査を開始すべきである。

集計結果および集計機への法科学的分析

州議会は、投票用紙に記入するデバイス（注：記入用筆記具のこと）に、故意に不正な結果を生むような仕掛けがなされていたかをチェックしなくてはならない（注：投票所において共和党支持者と思われる有権者にマーカーを使用するように指導されたという証言が多数ある。マーカーで記入すれば読み取り不能となりエラー票となる可能性が高い。故意にエラー票を増やし、はじかれたエラー票を、集計人がバイデン票としてマークしなおしたうえで集計機にかけていた疑い)。これは、開票結果の監査とは無関係に実施されなくてはならない。

独立監査によりすべてのタイプの票についての信頼性を確認しなくてはならない。過去の選挙数字との（統計的）整合性や、（郵便票の郵送返還時の）外封と実際の票の数の照合などといった監査も含まれなくてはならない。

こうした監査によってはじめて幽霊票や不正票を排除し、有効票だけでの集計が担保される。

州議会の責任

議会は、合衆国憲法に定められた義務を果さなくてはならない。議会が多数をもって、本レポート内容に同意すれば、今回の大統領選挙の結果は承認されてはならないのである。その上で議会は、適正な選挙人を指名するのである。本案件は、タイムリミットがあるだけに、本レポートに州議会議長および上院議員諸君が同意してくれるのであれば、直ちに州議会の招集を州知事に求めなくてはならない（注：本報告書による勧告は結局受け入れられていない)。

ウィリアム・T・リゴン
法務委員会委員長

第2章

敵対外国勢力の干渉とテキサス州の怒り

第1章では、民主党による、「投票箱を不正票で溢れさせる戦略（Stuff the Ballot Box）」がいかなるものであったかをナヴァロ報告書等によって明らかにした。一方で、外国勢力による干渉があったことも報告されている。特に中国共産党による工作の疑いについては、米国国家情報長官（ジョン・ラトクリフ）による報告書（ラトクリフ報告書）を紹介したい。ラトクリフ報告書は、米国政府内の権力闘争の結果、詳細に触れていないため隔靴掻痒の感がある。それでも、トランプ政権が、深く広く根を張ったディープステイト官僚にいかに苦しめられていたかを理解する格好の材料としての価値がある。

またテキサス州は、激戦6州の行政府の杜撰な選挙管理の結果同州民の権利が侵害されたとして、連邦最高裁判所に訴えた。本章では、その訴状と、被告州の反論に対する再反論書を掲載した。テキサス州のロジックを理解するには、米国が憲法によってのみつまり米国建国の理念によってのみその統合を保持していることを理解しておくことが必要になる。日本の立憲君主制とは違い「国民統合の象徴」は目に見えないだけに、理念のみに基づいて国民意識を持つことは、容易ではない。憲法にそった行動を合衆国に参加したすべての州がとることによって、はじめて統合が保持される。そうしたなかで、第1章で詳述したような、民主主義制度の根幹である選挙制度を腐敗させた選挙結果に、テキサス州（及び後にこの訴訟に追加参加した18州）は納得できないのである。

第1節　外国勢力による干渉：ラトクリフ報告書

米国には、よく知られているFBI（連邦調査局）、CIA（中央情報局）に加えNSA（国家安全保障局：通信情報収集）、DIA（国防情報局：国防総省にある軍事に特化した情報収集）など、あわせて16の情報諜報関連組織が存在する。複数の組織から上がった情報を解析し、バランスのとれた判断を下す役職が国家情報長官である。

ジョン・ラトクリフ国家情報長官

国家情報長官ジョン・ラトクリフは、2020年大統領選挙における外国勢力の干渉について報告した。以下がその内容である。

国家情報長官報告書（機密解除済）
2021年1月7日
大統領選挙の安全保障に関する情報分析に

ついて：2020年大統領選挙での外国勢力の脅威

筆者（ラトクリフ）は、立場上、すべての情報機関から挙げられた機密情報に接することができた。そうした情報機関は2020年の大統領選挙における中国政府の干渉について分析しているが、その妥当性については必ずしもすべてが首肯できるとは言い難い。

情報機関オンブズマンレポートが出ており、当報告書でも適宜引用する。中国の選挙干渉に関わる分析には政治的バイアスが働いている。中国の干渉があったとする見解には強いプレッシャーがかけられている。

上記のオンブズマン報告書（ICA：Intelligence Community Assessment）も議会に報告され、選挙の安全性問題を取り上げてはいるが中国の干渉についてはあまり問題視されていない。筆者は、中国の選挙干渉の危険性について明確に指摘しておきたい。

情報に関わるものにとって、異なる意見（解釈）を大事にしなくてはならない。国家情報長官として、いくつかの具体例とともに自身の見解を示す。そうすることでその範を垂れたい。筆者はオンブズマンとも協議の上、その分析を正確に利用しながら、私の解釈に反映させた。

筆者は、中国の干渉についてのオンブズマン報告書の指摘は、いくつかの点で不十分であると考えている。

オンブズマンには、情報の分析（解釈）にあたっては政治的配慮を排除することが求められている（分析基準B〔Analytic Standard B〕）。オンブズマンも指摘しているように、わが国の政治は党派的偏向が露骨になっている。そういう時期だからこそ、「政治的配慮からの独立」基準は遵守されなくてはならない。そうでありながら、オンブズマン報告書は中国の干渉について以下のように記すのみである。

中国の干渉を担当する分析者は、過度な政治圧力を受けており、干渉についての情報収集分析を躊躇している。分析担当者は政権（注：トランプ政権）の方針と異なる考えを持っている。そのため自身の分析（注：中国に不利な情報分析）が、政権に利用されるのを嫌っている。この態度は明らかに『政治的配慮からの独立』基準に違反する。

より端的に表現すれば、中国の干渉問題については異なる意見が許されず、干渉があったとする意見を述べることが憚られる空気が情報組織全体に蔓延している。オンブズマン報告書は次のように述べる。

8月には国家情報会議（NIC：National Intelligence Council）アセスメントにおいて、（中国の干渉を指摘する）分析を隠そうとする動きがあった。NIC委員によれば、CIAは、CIA内にあった中国の干渉があったとする意見を、国家情報評議会アセスメントで取り上げないよう圧力をかけていた。

さらにCIAは、中国の干渉を指摘する分析官に直接圧力をかけ、その意見を撤回させようとしていた。国家情報会議委員（NIO：National Intelligence Officers）は、CIAのこうした態度こそが情報分析の政治化だと考えている。これに筆者も同意する。

CIAの圧力の結果、オンブズマン報告書では、中国の干渉があったと主張するのはNIOの一人のサイバー分析官だけであるかのような表現になっている。しかし、実際には彼は関係者へのインタビューやその分析を通じて、そうした意見が彼一人のものでないことを確認していた。報告書では、彼一人だけの少数意見であるように書かれているが、これこそが、CIAが組織的圧力をかけていたことの証左である。彼に同意する多くの関係者にCIAの圧力がかけられ、その結果として、一人の人物による少数意見であるとされたのである。

インテリジェンス情報改革・テロ防止法（IRTPA：Intelligence Reform and Terrorism

Prevention Act）に示されている情報解析基準Dによれば、情報分析やその解釈は、「得られたすべての情報を考慮したもの」でなくてはならない。アセスメントにおいて多数意見とされているものは、その基準を満たしていない。

外国勢力の干渉を扱う場合、その表現（使われる用語）にも留意が必要である。情報分析においての用語使用には一定の基準がある（Tradecraft Standard）。今回の大統領選挙における外国勢力の干渉分析では、分析するグループによって用語の使用が曖昧であった。それが目立ったのは「影響（influence）」と「干渉（interference）」の用語の混乱的使用である。

今回の選挙における外国勢力の干渉分析における用語使用は分析グループごとにばらばらで統一性がなかった。特に中国の行動を分析したものには『干渉』という用語を使いたがらない傾向があった。

その結果、ロシアと中国の活動が同じようなものであるにもかかわらず、ロシアの行動は米国選挙への「干渉」となり、中国のそれはそうではない、との印象を生んだ。〈中略〉

筆者は、オンブズマン報告書に記された少数意見が正しいと考える。これまでに収集されたすべての情報を考慮し、的確に用語を使用し、政治的圧力（配慮）を排除すればそのような結論にならざるを得ない。

2020年大統領選挙において、中国がその選挙結果に影響を与えようとする行動をとったことは確かである。わが国の情報関係組織は、本報告書に記した処々の問題点を肝に銘じた改善策を講じなくてはならない。

ジョン・ラトクリフ

第2節　テキサス州vs.激戦州訴状

本節では、テキサス州がペンシルバニア、ジョージア、ミシガン、ウィスコンシン4州の選挙不正を連邦裁判所に訴えた訴状を紹介する。はじめにで書いたように、この訴えには他の18州及びトランプ大統領自身も追加で原告として参加した。訴状には、ここまで紹介した報告書や分析内容に重複した箇所があることを予め承知されたい。

この訴えは、最高裁判所に、被告州の違法不正にかかわる調査を命じることを求めるものである。大規模な不正が疑われる中で、被告州が「不正選挙」の結果に従って選挙人を指名してはならないと訴えている。

２０２０年12月7日
合衆国連邦裁判所殿
原告：テキサス州
ケン・パクストン　州司法長官

ブレント・ウェブスター　司法長官第一補佐
ローレンス・ジョセフ　司法長官特別顧問

被告：ペンシルバニア州、ジョージア州、ミシガン州、ウィスコンシン州

訴状

合衆国法典第28条第1251節（注：連邦裁判所の司法管轄権を定義する）及び最高裁判所手続第17号に基づき、テキサス州は以下の州に対して告訴状を提出する。ペンシルバニア州、ジョージア州、ミシガン州、ウィスコンシン州（以下これらを被告州とする）。

本訴状は、被告州における、2020年大統領選挙開票結果に異議を主張するものである。後述のように、被告州における同選挙には、重大な違憲行為があったと信じる。

1　立法権限のないものによって、被告州の州法が変更された。これは州議会の持つ大統領選挙人指名の権限を侵すものである。

2　被告州内おいて、有権者の扱いに不平等があった。民主党が支配する自治体あるいは同党支持者の多い自治体とそうでない自治体では、扱いに明らかな不平等があった。そうした措置が合法であるか非合法であるかにかかわらず、不平等が起きた。

3　被告州では投開票にかかわる不正行為があった。こうした行為は、被告州における選挙の信頼性を担保する州法を侵すものである。

こうした事実は、被告州の選挙法を犯すだけでなく、連邦法をも犯すものである。（中略）こうした不正行為は、2000年大統領選挙において発生した同様の行為の程度をはるかに超えている。その結果、2020年大統領選挙において誰が正当な勝者であるか確定できない状況に陥った。このような不正行為により、将来の選挙に対する信頼性が脅かされようとしている。

選挙不正行為は、被告州の確定票およびそれによって指名される選挙人数に影響を及ぼす。連邦最高裁判所には、本訴状の受理を求める。最高裁は、被告州議会において、選挙結果の調査およびそれに基づく承認手続きなくして、選挙結果を認めることを禁じなくてはならない。また最高裁は、選挙人指名は被告州議会によってなされるよう、合衆国憲法（注：第1条選挙人指名手続きおよび第3条第2節合衆国最高裁判所の管轄権規定）に従って命令しなくてはならない。

告訴状

わが国はいま重大な岐路に立っている。仮に（一部のものにとって）現行憲法は不都合であるとする不満があっても憲法を遵守する道を選ぶのか、あるいは、憲法は時代遅れだ、公文書館のお飾りにでもしておけ（無視して構わない）という道を選ぶのか、の選択である。原告は、連邦最高裁判所には、前者の道を選ぶべきだとの判断を求める。

法に則った選挙こそが、立憲民主制度を担保する。選挙に対する信頼性が損なわれれば、共和国の基礎は倒壊する。2020年大統領選挙の結果、わが国はまさにその危機に直面している。

われわれはいま以下の事実を知っている。被告州の官僚は、コロナ禍を悪用し、州議会の持つ権限を蹂躙し、州憲法に違背する州選挙法の変更を実施した。その変更には、州知事命令（通達）や、州の政策に媚びた司法判断が使われた。選挙への信頼性が毀損したのはそのためである。大量の票が管理の杜撰な投票箱に投じられた。選挙の信頼性を担保する重要なプロセスである署名照合や署名に必要な証人の有無の確認といった手続きは大幅に緩和された。

被告州における違法行為を示す証拠は毎日のように上がってきている。最も票を得た二人の大統領候補（バイデンおよびトランプ）も、どちらが就任するにしろ、選挙の正当性が損なわれる事態があってはならないと考えるはずである。合衆国法典第3条第7節によれば、州選挙人は12月14日に指名されることになっている。しかしそのような規定があったとしても、不正の可能性のある選挙結果を認めてはならない。（中略）

選挙人指名を遅らせることが可能なのは貴法廷（連邦最高裁判所）だけであり、その法的根拠は、合衆国法典第3条第5節及び同第7節にある。前代未聞の状況下において、選挙結果の正当性を担保し、大統領選挙への国民の信頼を回復するためには、貴法廷は被告州における選挙人指名の期限である2020年12月14日を遅らせ、選挙不正調査を実施させなくてはならない。そのような手続きを取って初めて、大統領選出が最終的なものになる。このプロセスにおいて、最終期限となるのは2021年1月20日である（合衆国憲法修正第20条）。

こうした事実背景に基づき、テキサス州は被告州を告訴するものである。テキサス州は以下のような違法行為を指摘する。

被告州の違法行為について

1　原告の、被告州の行政府に対する告訴は、選挙人法（Electors Clause）第2条第1節第2項及び合衆国憲法修正第14条に基づくものである。

2　その上で、被告州は、大統領選挙人指名のルールを変えたか、あるいは変えさせたか？そしてそれは選挙人法及び憲法修正第14条違反ではないかを問う。

3　そのような規則（法）の変更により、数々の選挙不正が誘発された。原告は、被告州それぞれにおいて、選挙人指名に関わる法に違反し、その結果、合衆国民の選挙に対する信頼を深く傷つけたと主張する。判例（マルベリー対マジソン）によれば、こうした事案では、貴法廷による判断が必要とされる。当該法の解釈およびいかにして国民の信頼を回復するかについての判断を問う。

4　ゴーサッチ判事（注：ニール・ゴーサッチ最高裁判事）は直近の判例において、「国家の危機があるという理由で、政府（行政府）が憲法を蔑ろにするようなことがあってはならない。州によってはコロナ禍を理由にして、わが国が長きにわたって育んできた法規範を無視したように思われる」（ローマカソリック教会ニューヨーク監督区対クオモ（ニューヨーク州知事：2020年判例））（注：クオモ知事は、コロナ禍を理由に日曜の教会礼拝を禁じた。これに反発するカソリック教会による訴訟）と述べている。本訴訟は、同訴訟と本質的に同じ性質のものである。

5

被告州の違法行為には一定のパターンがある。各州には、選挙関連規則の変更に関わる訴訟が起きていたが、その和解結果が州行政府側に都合がよくなっている。各州はそうした和解あるいは行政府に都合の良い司法判断を利用（悪用）して、２０２０年大統領選挙に向けて、偏った通達を発し、規則の変更を行った。それは当該州の合法票を蔑ろにするものでもあった（注：州法に従えば本来無効であるべき票を有効にしたため、有効票の価値が低下したとの意）。

6

被告州は、投票された票の適正な分別を怠った。その結果、州議会制定の規則に則って投じられた票とそうでない票の事後の確認が不可能になった。郵便票においては、その程度が酷かった。署名確認手続きの基準を変更するなどして、郵便票全体が憲法に違反している可能性があり、被告州における選挙人指名の合法性を疑わせている。

ニール・ゴーサッチ最高裁判事

7

被告州において憲法（および州法）に違

反する行為はあまりに多い。被告州で多くの提訴がなされているが、その過程で多くの事実が明らかになっている。そうした例は以下の通りである。

(1)暴力により、共和党監視員の集計所へのアクセスが拒まれたりあるいは排除されたりした。集計機に同じ票を読み込ませ繰り返しカウントさせた。集計所に出所不明の票が深夜に運び込まれた。大量の郵便票の受付消印を不法に変更した。署名照合作業がなされなかった。ミシガン州ウェイン郡では、17万3000票以上が有権者登録リストにマッチしていなかった。これらの事象は、宣誓供述書により証言されたものである。

(2)共和党監視員が集計所から排除されると所内から歓声が上がった。集計所入場を拒否された共和党監視員は、(裁判所命令を入手した上で)集計所への再入場を試みたが、それでも入場を拒まれた。監視員のいないなかで、机の上に隠されていた票の入ったスーツケースが取り出されカウントされた。これらの事象はビデオテープに映像で残っている。

(3)2020年10月1日、ペンシルバニア州では、ドミニオン集計機に使用されるラップトップコンピューターと数個のUSBが、同州内の倉庫から盗まれている。倉庫からは他に盗まれたものはなかった。盗難品は、選挙結果を変造するツールの可能性がある。ミシガン州でも、ドミニオン集計機が使用されているが、11月4日の集計時に、6000票のトランプ票がバイデン票に付け替えられていた。これは同州選挙管理関係者が認めている。また同日早朝、ミルウォーキーの集計所で、数万票の集計済のデータの入ったフラッシュメモリーが、管理されずに放置されていた。これらの事象については、第三者による調査を必要とするものであるが、疑いを持つには十分である。

8
貴法廷が、上記のような違法行為を看過することは許されない。ペンシルバニア州は、（州で起こされた）訴訟の対応過程で、その態度をくるくる変えている。現在最高裁で進められている裁判（ペンシルバニア共和党対ブックバー（州務長官））の審理過程で、州側は、審理を急いで進めてもらっては困る、現在非合法の可能性のある票を仕分け作業中である、と主張していたにもかかわらず、その仕分け作業を行っていなかった。

（後略：テクニカルな内容）

9
一般に容認されている統計学的手法による分析においても、選挙結果の公正性を疑わせる状況がある。

10
11月4日午前3時、ジョージア、ミシガン、ペンシルバニア、ウィスコンシン4州すべてでトランプ大統領がバイデンをリードしていた。この時点から、全4州でバイデ

ンが勝利する統計的確率は、限りなくゼロに近い（1000000000000000分の1）。（後略）

11 〈略（統計分析の科学的根拠）〉

12 統計分析は、被告州の開票結果の不正を疑わせるに十分なものである。

13 被告州は、「各州議会で承認されてはいないが、行政府による変更はすべてがその権限内で行われた」と主張する。しかし、こうした変更は、選挙人法第2条第1節第2項及び合衆国憲法修正第14条に違反する。選挙人法第1条第4節にも抵触する。

14 原告州及び州民は、（他州の投票においても）大統領選挙における投票が被告州法に基づく合法票だけでカウントされる権限を有している。なぜなら、大統領および副大統領は、国全体の票によって選出される唯一の公僕だからである。法に則って投じられた票の価値が、合法票か非合法票かの区別もできない被告州での票によって減殺されることがあってはならない。

15 被告州における不在者・郵便票は、憲法に違反する手続きでカウントされており、そうした票の総計は各州における候補者間の得票差（バイデンリード票）を大きく上回っている。

16 原告は、2020年の大統領選挙結果について差し止めによる救済を求める。さらに将来の大統領選挙においても（違法な選挙手続きがある場合には）同様に差し止め救済を求めるものである。立憲民主制度に対する信頼は、各州が法や規則に基づいた大統領選挙を実施することで担保される。

17 本事案は、州をまたがる係争である。したがって貴法廷が管轄権を持つ。これは合衆国憲法第３条第２節第２項及び合衆国法典第28編第１２５１（ａ）に基づくものである（管轄権）。

18 大統領選挙においては、各州の票は、他州で投じられた票による影響を受けざるをえない。（２０２０年大統領選挙において）被告州による違憲行為により、原告州の権利は侵害された。被告州においては自由な選挙が実施されなかったからである。（後略）

19 〈略〉

20 本事案は複数の州にまたがる選挙への異議申し立てである。州レベルの裁判所の審理では、憲法に定められた選挙人の確定、大統領指名のタイムスケジュールに時間的に間に合わず、法的救済が不可能である。貴法廷だけが、複数州にまたがる憲法違反行為によって引き起こされた損害の救済が可能なのである。（後略）

〈以下略〉

第3節　被告州の反論への反論

注：上記訴状を受けて被告州は反論した。それを受けた追加訴状が以下である。

追加訴状

合衆国連邦裁判所
2020年12月11日
原告：テキサス州
ケン・パクストン　州司法長官
ブレント・ウェブスター　司法長官第一補佐
ローレンス・ジョセフ　司法長官特別顧問

被告：ペンシルバニア州、ジョージア州、ミシガン州、ウィスコンシン州本訴状は、被告州の反論への再反論である。被告州は、テキサス州の訴えるような違法行為はない、州法を変更してもいない、と主張する。彼らは選挙の信頼性を毀損する違憲行為を、コロナウイルス感染防止を理由にした対策である（合法である）とし、それを理由に原告の求める救済を貴法廷は、受け付けてはならないと主張する。この主張には法的根拠はない。

テキサス州は、各州の反論に対して、再反論し暫定的救済（注：被告州における選挙結果の見直し）をあらためて求めるものである。

被告州による事実認定の誤り

A ペンシルバニア州の「（訴状に提示された）証拠は嘘である」という主張への反論

ペンシルバニア州は、チチェッチ博士（Dr. Cicchetti）による統計分析（注：11月4日午前3時、ジョージア、ミシガン、ペンシルバニア、ウィスコンシン4州すべてでトランプ大統領がバイデンをリードしていた。この時点から、全4州でバイデンが勝利する統計的確率は、限りなくゼロに近い〔1000000000000000分の1〕）を間違いだと主張する。ペンシルバニア州は、博士がサンプル抽出した票はランダム抽出でなく、同州の総体を代表していないとしている。しかし、博士は、後日抽出サンプルの非ランダム性についても、考慮した分析を行っている。〈中略〉同州の主張は単なる意見であって（チチェッチ博士の宣誓供述書に基づく分析とは違い）証拠能力を持たない。

要するに、同州の主張は「ナンセンス」とか「価値がない」とかいった形容詞を使った博士に対する人格攻撃（ad hominem）に過ぎない。チチェッチ博士は、バイデン候補が全国50主要都市において2016年選挙におけるクリントン候補の数字に劣っていたことを調べ上げた。この調査により、ペンシルバニア州都市部5カ所でのバイデン候補票の動きは統計的に不可能であると結論し、その主張を補強している。

ペンシルバニア州では郵便票申込書発送総数は、2020年11月2日には270万、同年11月4日には310万と説明した。40万票の誤差について同州は不在者票分であると説明した。しかし、ライアン報告書（2020年12月4日付）によれば、この40万票の誤差の理由についての説明はなされていないことがわかっている。（注：ライアン報告書は同州下院議員フランク・ライアン〔共和党〕による調査報告書）同報告書は、「この誤差の原因は、郵便票発送ログを精査して初めてわかる」としている。ペンシルバニア州の反論には具体性がなく、証拠価値はない。

さらに、11万8426の郵便票には消印がないが、ペンシルバニア州はこれについて一切説明していない。（中略）また、2020年11月6日、州裁判所（アリト判事）は、11月3日の選挙日以降に受け付けた票は分離保管するよう命じ、同州はそれに応じた。そうでありながらそれを実行しなかったため、不正票（注：無効票）がどれだけあったのか確かめることができない。数千あるいは数万の票が不正にカウントされた可能性がある。

B　ジョージア州の「証拠は嘘である」という主張への反論

ジョージア州は、2020年選挙における不在者票の無効票率は2018年（注：中間選挙）のそれに変わらないと主張する。その根拠は、ウッド対ラッフェンスパーガー（州務長官）訴訟で使われた不在者票の無効率の数字である。しかしながら、テキサス州の訴状で使われているチチェッチ博士の分析は郵便票の無効率である。したがってジョージア州の反論には根拠がない。さらに言えば、ウッド対ラッフェンスパーガー訴訟での数字は、ジョージア州選挙管理部長クリス・ハーヴィの証言であるが、彼は無効率（署名不一致による無効）の数字的根拠を示していない。

また、チチェッチ博士も指摘するように、中間選挙と大統領選挙は異なる性質であり、2つの数字を比較することはできない。その上、ハーヴィは、不在者票の数字を使っているが、原告州が指摘する問題は郵便票の無効率に関わるものである。博士も郵便票について分析している。2018年の中間選挙では、郵便票の3・32%が無効票であった。この数字は、同選挙での不在者票の無効率の20倍の高さである。ハーヴィは、まったく性質の異なる数字を使った比較をしている。要するに、ジョージア州のチチェッチ博士に対する反論は成功していない。

C　ミシガン州の「証拠は嘘である」という主張への反論

ミシガン州は、ウェイン郡における異常を示す証拠について反論しているが、反論になっていない。第一に、ミシガン州務長官は郵便投票用紙を申請書なしで有権者に送付した。これは違法行為である。またオンラインネット投票申請用紙も送付しているが、署名確認を求める現行法に違反する。ミシガン州はこの違法行為があったことは認めている。そうでありながら、「投票後に、誰がどの方法で投票したかを知ることはできない」と主張する。これは、「どんな主張があろうともこちらの勝ちだ（Heads we win, tails you lose）」とする愚かな議論であり、貴法廷はこのような論法を受けいれるべきではない。すべての同州の問題（異常）は、州務長官自身の行為に起因している。

第二に、「不在者・郵便票のうち17万4384票が有権者リストと一致しない」という訴えに対して、「その理由はよくわからない」と回答（反論）しているが、答えになっていない。これこそが、まさに、貴法廷が原告の訴えを受理すべき理由である。

第三に、ミシガン州は、「デトロイトにおける不在者投票集計委員会の集計には71％の（メンバーの）偏りがあるという主張がある。だからといって集計結果は誤りだとは言えない。こうした偏りは特段の理由なく起こり得る」と反論しているが、これもおかしい。明らかな異常性について一切説明していない。17万４０００以上の有権者リストにない票を前に、ウェイン郡選挙結果認定委員会（Board of Canvassers）の二人の委員は、結果認定を拒否した。この二人は、最終的に結果認定に同意したが、それは彼らに対する脅迫があったからである。この異常に対する監査は後日実施されるとの説明もなされていた。しかし、結局約束された監査がなされないことになったため、二人は認証を撤回している。原告（テキサス州）は、17万４０００を超える有権者リストにない票についての判断は、ミシガン州によっていまだなされていないと理解する。この原告の理解に、ミシガン州は反論していない。このことは、現時点における（ミシガン州の選挙結果の）怪しさを示唆するものである。

ミシガン州は、「ウェイン郡では有権者の署名照合作業をしない（注：明確な違法行為）ことを決めていた」というわれわれの主張に反論している。同州で提訴された他の裁判におけるクリストファー・トーマス（デトロイト市選挙管理コンサルタント）の宣誓証言を根拠にした反論である。しかし、署名照合作業が行われていたことをトーマスは自身で見てはいない。法律は、送付されてきた外封に、登録済署名との照合が実施されたことを示すスタンプないし手書きメモ（written statement）がなされなくてはならない、と定めている。デトロイト市のベテラン職員であるジェシー・ジェイコブは、集計担当員は署名照合をするなと指示された、と証言している。ミシガン州のトーマス証言を使った反論は、ジェイコブ証言を覆していない。集計監視員のリサ・ゲージの宣誓証言は、これまでの他の訴訟で提示されていない内容であるが、彼女は照合済のマークのある外封をTCF集計所で一枚も見ていないと証言している。

D　ウィスコンシン州の「証拠は嘘である」という主張への反論

ウィスコンシン州は、「投票所に足を運べない者の定義に当てはまらない者が郵便票を利用したとする主張には根拠がない」と反論している。同州法では、そうした有権者については、写真による本人証明および署名照合の省略を認めている。（この特例を利用するためか）投票所に足を運べないとして郵便投票を求めたものが激増した。２０１６年選挙では５万７０００だったものが２０２０年選挙では21万６０００に跳ね上がっている。

ウィスコンシン州は、これは単に郵便投票率が上がっただけだと説明するが、郵便票の増加が、「投票所に足を運べない者」を増加させるわけではない。投票所に足を運べない者の票が4倍にもなった異常をウィスコンシン州は合理的に説明していない。また、デイン郡及びミルウォーキー郡は、郵便票の申込にあたり、その理由を、「コロナウイルスで『投票所に足を運べない』」とするよう指導していたことがわかっている。同州最高裁判所は、この指導は違法であると判断した。ウィスコンシン州選挙管理委員会は、この司法判断が示されたにもかかわらず、「投票所に足を運べない者」が、そうでなくなっても（投票できる状態になっても）、「投票所に足を運べない者リスト」から、当該人物を外すことを禁じた。この事実は、同州における違法行為が確実であったことを示している。

また、ウィスコンシン州はその反論のなかで、イーサン・J・ピーズの宣誓証言を無視している。彼は米国郵政公社（USPS）の下請け運送業者のトラックドライバーであった。ピーズは、大量の郵便票をマジソン市のUSPS仕分けセンターに運んだ。彼は、運ばれた郵便票にUSPSの職員が、選挙日（11月3日）以降の受付票にも、それ以前の日付け消印を押していたのを見たと証言している。またピーズは、11月4日、USPSの幹部職員が、「USPSのウィスコンシン・イリノイ管区から、10万票の行方がわからない。それを探すようにと指示された」と彼に語ったと証言している。

法的根拠を欠く被告州の反論

被告州は、州法に則って開票集計したと主張するが、法的実態（根拠：Legal Merit）がない。以下がその根拠である。

A ペンシルバニア州は票受付締め切り日を、議会手続きなく、司法判断のみで変更

ペンシルバニア州は、「州法違反はない。不在者・郵便票の受付締め切り期限の3日間の暫定延長は、州最高裁の判断に依っている」と主張する。同州の主張は、「州法は変更されていないが、変更は州最高裁が決めている」とする歪んだものである。この主張には3つの誤りがある。

第一に、選挙人指名法典には、司法が、大統領指名手続きを修正できるという但し書き条項はない。「州選挙人は議会の制定する手続きによって指名される」と決められている。合衆国憲法第2条第1節第2項にも州議会が指名の全権を持つと規定する（注：合衆国憲法第2条第1節第2項：各州は、その議会が定めるところにより、各州が合衆国議会に送ることができる上院議員及び下院議員の総数と同数の大統領選挙人を選任する。ただし、上院議員、下院議員または信任もしくは俸給を受ける合衆国の公職にある者は、大統領選挙人に選任されることがで

きない）。

この解釈は、すでに２０００年の大統領選挙結果を巡るブッシュ対ゴア裁判で示されている。当時の最高裁長官ウィリアム・レンキスト（注：任期は１９８６〜２００５年）は、選挙法典は州最高裁による州法の変更を認めていないと指摘している（注：フロリダ州選挙結果を巡る判例）。レンキスト判事は、一般的には連邦最高裁は州法の解釈については州裁判所の判断に委ねるのであるが、「しかし大統領選挙においては、州裁判所は合衆国憲法第２条の規定に従う義務がある。この規定は、州の司法は州議会（州立法府）が大統領選挙人を選出する権限について留意しそれに敬意を払うことを求めている」と判断したのである。これは、けっして州の司法権を蔑ろにしているのではない。合衆国憲法に規定される州議会（州立法府）の権限をむしろ重視している。レンキスト判事は、州司法がその権能の範囲を大きく逸脱した事実を指摘しているに過ぎない。だからこそ権限を逸脱した州司法の判断は認められないのである。ペンシルバニア州法は、「不在者・郵便票は選挙日の午後８時前に受付されなくてはならない」と明確に規定する。そうでありながら同州最高裁は、受付締め切りを３日間延長することを認めた。これは州議会の立法権を侵害するものである（注：３日間の延長は、州議会の議決を必要とするという意味）。

〈中略：第二点については法解釈にかかわるテクニカルな議論〉

第三点として、ペンシルバニア州は、テキサス州の判例を利用して反論しているが、本案件とは関係がない判例である。同判例は選挙法典第1条に関わるものであり、本案件は第2条についてのものである。（後略）

以上の通り、ペンシルバニア州の反論は成立していない。

B　ペンシルバニア州は、署名確認手続きを定めた州法を無視

ペンシルバニア州は、州法で定める署名確認手続きを州議会の立法手続きなく変更した。この件について、同州反論書は、州法を犯してはいないと主張する。（中略）

２０２０年9月11日、ペンシルバニア州務長官は、女性有権者同盟（ＬＷＶ：the League of Women Voters）と和解している。ＬＷＶは、州法の定める署名確認手続きは不当であると訴えていた（8月7日）。州務長官は、この和解で、一切の署名確認手続きをとらないことを約束した。これは大統領選挙人指名手続きに関わる立法府（州議会）権限を侵害している。これは典型的な「行政を訴えて有利な和解を勝ち取る戦術（Sue and Settle）」である。

ペンシルバニア州務長官は、この件について訴えられているが、「州法の署名確認手続規定は明確ではない（注：だから和解は有効だとの理屈付け）」と主張しているようである。

当該訴訟において、州裁判所は（州務長官の主張を認め）和解は有効だとの司法判断を下した。「不在者・郵便票には署名は必要だが、その確認は必要ない」という不可解な判断である。しかし、立法府（州議会）はそのような手続き変更を承認していない。（中略）州司法の判断は、州立法府の権限を侵し、合衆国選挙法典にも違反する。

C　ミシガン州務長官による（郵便投票を申請していない有権者に対する）郵便投票申請書送付は違法

ミシガン州法では、不在者・郵便票の申請手続きを定めている。〈中略〉そうでありながら、州務長官は、全有権者に申請書を送付した。州法では、申請書は、郡あるいは市の担当者が、正当な理由を認めた場合に限って送付することができるとされている。要するに申請書の送付は、権限を委譲された担当者だけができるのである。そうした票の集計も彼らに委ねられている。同時にそうした票の管理の義務も負っている。これは他州においても同様である。

ミシガン州法は、州務長官の判断で選挙管理手続きを変更できると規定していない。州務長官には州法に則った選挙管理が義務付けられている。郵便投票申請についての判断の権限は州務長官には与えられておらず、それは上記の通り、郡や市の担当者に委ねられた権限なのである。

不在者・郵便票申請手続きに関わる判断は州務長官にあるとするミシガン州の主張は拒絶されなくてはならない。

D　州法を無視したジョージア州

当初、ジョージア州は、州政府・郡による違法行為は一切ないと反論した。ところが、後に、「少なくとも1つの規則は犯した。法に定められている期日前に開票作業を開始したが、他の法令に決められた手続きを執行するために、開票作業を早めに進める必要があった」と釈明した。しかし、いかなる法令に従うための期日前開票であったかを明らかにしていない。（中略）州務長官は、不在者・郵便票を、選挙日の3週間前から開票して集計作業をしても構わないとの通達を出したが、これは完全なる違法行為である。州法は、選挙日（投票締め切り後）に開票されると明確に定めている。（中略）

加えて、州務長官は、2つの署名確認を求める州法を、州議会の決定なく変更し手続きを簡素化した。その一方で、票を無効にするためには、3人の証人による同意を必要とすると決めた（注：無効になる可能性の高いバイデン票を減らさないために無効手続きを煩雑化。バイデンを有利にするための予防的措置）。

ジョージア州法は、不在者・郵便票については、有権者リストに登録されている署名および申請書署名との二段階照合を定めている。この手続きの簡素化は、民主党の要求で実現した。州務長官がその要求を受けて和解したのである（2020年3月）。この変更で、申請書に書かれた署名だけの照合で構わないとされたが、州議会はこれを承認していない。要するになりすまし投票を防ぐ手続きが蔑ろにされたのである。実際になりすまし投票は起きていた。グレイス・レモン（ジョージア大学生）の宣誓証言によれば、彼女はフルトン郡投票所で投票しようとしたところ、何者かが既に彼女になりすまして申請し投票を済ませていたと告げられた。

ジョージア州の、「州政府・郡による違法行為は一切ない」とする主張は虚偽である。また同州は、選挙手続については州議会が全権を持っていることを認めている。テキサス州および本提訴に加わったドナルド・トランプは、連邦最高裁判所により「州議会が全権をもっている」ことの確認を求めている。ジョージア州の不法な選挙結果に基づく選挙人指名は、法に則って投票したテキサス州民および追加的原告（ドナルド・トランプ）の利益を損なうものである。貴法廷におかれては、「ジョージア州・郡の官僚の違反行為の結果、憲法に違反する選挙人指名になっている事実」の確認を求める。

E　州法を無視したウィスコンシン州

〈略：ウィスコンシン州の選挙法典の解釈に関わるテクニカルな釈明に対する反論〉

本訴訟は、貴法廷による機を逸しない判断を必要とするものである。〈注：選挙人確定から大統領指名までの憲法に定められた日程があるため、連邦最高裁による迅速な判断が必要である〉

〈後略〉

第4節　テキサス州の訴えを門前払いした連邦最高裁とテキサス州の反発

テキサス州の訴えを連邦最高裁は確かに迅速に処理した。しかし、その結果はまことにそっけない「不受理」というものであった（2020年12月11日）。他州の選挙管理にあり方について、テキサス州が訴える権限がある理由について十分な説明ができていないというあっさりとした1ページ足らずの文書だった。ただ二人の判事（サミュエル・アリート、クラレンス・トーマス）は、受理すべきだとの意見であったことが記されていた。

2020年12月11日に示された連邦最高裁判所のテキサス州の訴え非受理の理由書

この案件の協議では、主席判事ジョン・ロバーツが大声で、受理した場合に予想される「暴動への責任が持てるのか」と他の判事を脅していたと伝えられている。筆者は、最高裁は「逃げた」と感じている。テキサス州など原告となった州は法律に従って選挙を実施した。その結果が、不正票だらけの他州の選挙で否定された（原告州民の権利が侵された）

不受理とした連邦最裁理由書

(ORDER LIST: 592 U.S.)

FRIDAY, DECEMBER 11, 2020

ORDER IN PENDING CASE

155, ORIG. TEXAS V. PENNSYLVANIA, ET AL.

The State of Texas's motion for leave to file a bill of complaint is denied for lack of standing under Article III of the Constitution. Texas has not demonstrated a judicially cognizable interest in the manner in which another State conducts its elections. All other pending motions are dismissed as moot.

Statement of Justice Alito, with whom Justice Thomas joins: In my view, we do not have discretion to deny the filing of a bill of complaint in a case that falls within our original jurisdiction. See *Arizona* v. *California*, 589 U. S. ___ (Feb. 24, 2020) (Thomas, J., dissenting). I would therefore grant the motion to file the bill of complaint but would not grant other relief, and I express no view on any other issue.

CERTIORARI GRANTED

20-222 GOLDMAN SACHS GROUP, ET AL. V. AR TEACHER RETIREMENT, ET AL.

The petition for a writ of certiorari is granted.

のである。今後こうしたケースでは、不正したもの勝ちで、それを当該州自身で矯正できない限り、是正のメカニズムが米国には存在しない状況に陥った。米国最高裁は、政治的思惑を今回の事件の判断に持ち込んだ。米国共和制を崩壊させかねない愚かな判断であった。

米国には「児島惟

謙」*はいなかったのである。
テキサス州は不受理の判断に直ちに反発した。以下が、テキサス州共和党の声明である。

テキサス州共和党声明

テキサス州の訴えには17（注：正確には18）の州及び106人の連邦下院議員が加わった。連邦最高裁はわれわれの訴えを受理しなかった。これは、合衆国憲法に違反し、自州の州法を犯しても構わないと宣言したようなものである。これにより、法を犯した州には何のお咎めもなく責任もなく、法を順守した州が損害を被るという結果を生むことになる。最高裁の判断はわが共和国の将来にとって悪しき前例となるであろう。

こうなった以上、わが国憲法を順守する州は一致団結しなくてはならない。そうした州だけでのユニオン（合衆国）の創造も考えられる。

テキサス共和党は、わが国憲法と法を順守する。たとえそうしない州があってもである。

２０２０年12月11日

ジョン・ロバーツ判事は、保守派とみなされていたが、２０２０年2月のトランプ弾劾裁判における上院での指揮において民主党寄りの議事進行が目立った（弾劾裁判における上院での議長は最高裁判所主席判事が務める）。なお、2021年2月のトランプ弾劾裁判では、弾劾そのものが無理筋であることを知っていたのか、ロバーツは議長になることを拒否した。

連邦最高裁の判断に幻滅したテキサス州では連邦からの離脱を検討する動きが始まった。筆者は、米国の分裂（弱体化）こそが、中国の狙いであるだけに、激戦6州における自浄の動きを期待している。テキサス州などの反発はそうした自浄にむけての起爆剤になる可能性はある。

テキサス州の訴えを受理させなかったジョン・ロバーツ連邦最高裁判所主席判事

＊：児島惟謙《これかた》（大審院長）は、大津事件（ロシア皇太子ニコライ暗殺未遂事件：1891年）の犯人津田三蔵に対し死刑を要求する政府に抗して、当時の刑法の定めに沿って無期徒刑とした。

第3章

民主党の権力奪取に利用されたコロナ禍

はじめにで書いたように、前2章の記述で、民主党がコロナウイルスをいかにご都合主義的に利用したか理解できよう。彼らは、早い段階から、「不正票を生む環境づくり」に注力していた。そうでもしない限り、民主党の大統領選挙での勝利はないことは早い段階からわかっていた。手っ取り早い不正票創造の手口は、郵便票を増やすことであった。

郵便票は、本人確認が難しくなることから、不正の温床になることは常に指摘されていた。だからこそ、郵便投票は、寝たきりの病人などの特別な事情を持つ有権者に限られていた。

郵便投票では有権者本人の申し込みが必要であり、署名照合プロセスも厳格であった。民主党は、コロナウイルス感染防止をうたい文句にして、誰でも郵便投票ができることにした。郵便投票の一般化は明確な法律違反であるが、コロナウイルスの恐怖を煽り強引に押し切った。並行的に、署名確認プロセスの簡素化を進めた。この結果非常識な数の郵便票が現れ、そのほとんどがバイデン票となった。この経緯については前2章の記述で十分に明らかにされたと思う。

本章では、昨年秋に筆者が「日本戦略研究フォーラム季報」(2020年10月秋季号)に発表した論考を再掲する。民主党が、権力奪取のためにいかにこのウイルスの恐怖を煽ったかが理解できよう。

多くの日本人にとって、２０２０年米大統領選挙は他山の石であった。しかし、いまやコロナウイルスは、日本人の日々の生活に影響を与えている。接客業、飲食業、観光業も壊滅的な打撃を受け、銀座のクラブ文化も風前の灯火である。大衆は「恐怖心を煽る」ことで容易にコントロールできる。筆者は、「コロナ怖い騒動」は、将来の歴史家が、大衆コントロールの歴史的事象として格好の研究テーマにするに違いないと思っている。

民主党の「悪事」を理解するには、コロナウイルスを巡る事実も正確に把握しておかなくてはならない。

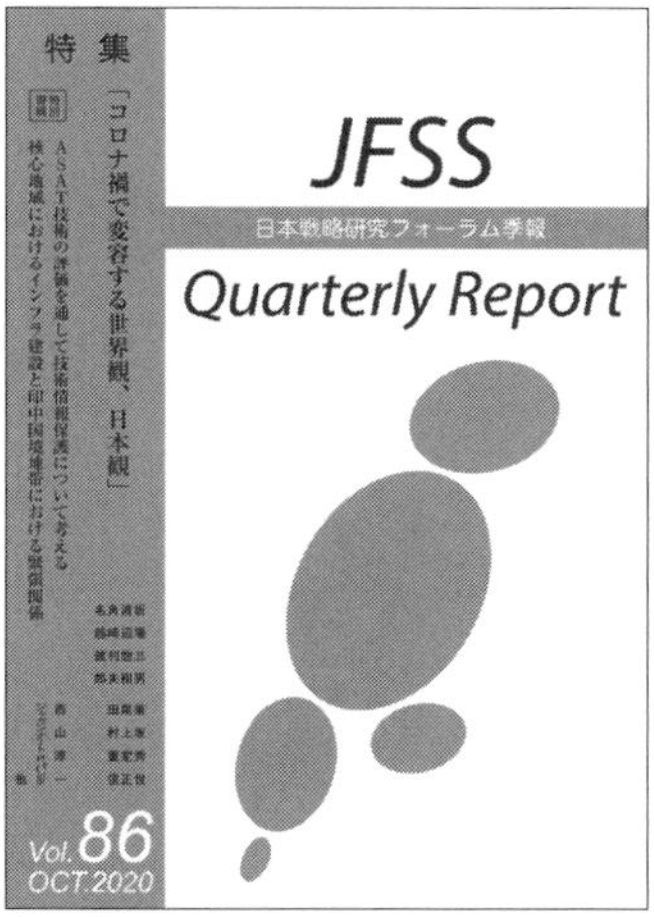

日本戦略研究フォーラム季報　Vol.86掲載
論考再掲

コロナ後を考えるのはまだ早い

コロナウイルスとりまく「不可思議」さはあまりに多い。メディアの報道も首をかしげる内容が続く。本稿ではこの病を巡る不可思議さをいくつか挙げながら、この病禍を政治利用する勢力の存在にも言及する。

ポストコロナを考えるのは、この病の実態がもう少し明らかになってからにしたいと思う。「コロナの病が『幽霊ならぬ枯れ尾花』に終わる可能性もある」とさえ思っている。

死因特定の難しさ

2019年6月7日、厚生労働省が2018年度の人口動態統計月報年計を発表した。第1位の腫瘍（癌）、第2位の心疾患（高血圧除く）に次ぎ、「老衰」が日本人の死亡原因の第3位となった。脳血管疾患、肺炎がこれに続く。容易に想像できることだが、老衰が増えたのではない。統計データ集計の環境に変化があり、現場の医師が、死因を老衰に「仕分け」するケースが増えたのである。

例えば、人生の終末期を迎えた老人が「誤嚥《ごえん》性肺炎」を起こし、その治療が施されればこれまではその死因は「肺炎」とされた。しかし、最近は回復が見込めない場合、積極的延命策を控える。この場合、死因は「老衰」とされるようになった（「日経メディカル」、2019年6月）。

コロナ禍で知られるようになった人工呼吸器だが、その装着に体の切開が必要なだけに、痛みが伴い感染リスクも高い。従って生活の質（QOL：Quality of Life）を考えれば使用しないという判断もあり得る。日本呼吸器学会は2017年4月に「成人肺炎診療ガイドライン」を発表し、QOLを考慮した治療の推奨に切り替えた。その結果、患者が穏やかに亡くなる「老衰」が増えた。

老いた人間が、単一の病を原因として亡くなることは稀である。病の複合で死に至る。死亡診断書への死因の記入には公的機関が決めたガイドラインが存在する。ガイドラインが変われば医師の判断も変わる。極論すれば、「死因をある病のせいにしたいベクトル」が存在すればそれも可能なのである。

絶望の民主党

米国におけるコロナ禍の政治化は目を覆うばかりである。激しく左傾化した米民主党はトランプ大統領再選阻止のためには手段を問わない。政治のモラル崩壊が起きている。

民主党は、２０１６年の大統領選敗北以来、トランプ政権との妥協を一切拒否し、大統領の進める内政・外交のほぼすべてに反対してきた。それだけでなく、「ロシアゲート」、「ウクライナゲート」を創作し大統領弾劾を謀った。しかしすべて裏目に出た。

ロシアゲートでは、トランプ大統領とロシアの共謀を示して調査の出発点となったとされるクリストファー・スチール（元英国ＭＩ６エージェント）作成の文書が、噂話をベースにした「おとぎ話」だったことが明らかになった。その上、スチールの「調査」費用はヒラリー・クリントン陣営から出ていたことも露見した。ウクライナゲートも、米国の軍事金融支援を「人質」にしてウクライナ内政に干渉していたのはトランプ大統領ではなく逆にジョー・バイデン副大統領（当時）であった。

民主党が政権を奪い返すための王道は、より優れた方針を立案し信頼できる候補者を擁立することである。しかし、左傾化著しい同党は人材に乏しい。結局ジョー・バイデン前副大統領が擁立されたが、「左翼臭が薄い」からだけの理由である。彼には対ウクライナあるいは対中国外交を利用した私的利益誘導疑惑に加え、セクハラ問題、黒人差別発言、認知症疑惑などが山積みで、人気がない。「左翼臭封じ」も副大統領候補に党内最左派のカマラ・ハリス上院議員（カリフォルニア州）を指名したため意味のないものになった。

主要メディアの世論調査ではバイデンリードが続くが信頼性は低い。調査サンプルに過剰に民主党支持者を入れ込み、計算モデルでは共和党支持者の投票率を低く設定するなどの裏技が使われているようだ。民主党支持者でさえもその3割がバイデン以外の候補者を望んだ（5月12日調査）。6月のラスムーセン調査では、投票に行くことが確実な有権者層の38％が、バイデンには認知症の疑いがあると回答した。[*1] 筆者は、バイデンの当選可能性は限りなくゼロに近いと予想する。民主党が、トランプ大統領に勝利する一縷の可能性を見出すとすれば、大統領の失策である。しかし、トランプ大統領は内政にも外交にも成果を出していた。

外交では、ネオコン外交から決別し、対露宥和をはかった。中東でも厳しい言葉を吐き、時に断固とした局地的軍事行動を起こしながらも、本格戦争はしないという明確なメッセージを発してきた。ネオコン思想の官僚や軍幹部もほぼ一掃された。２０２０年8月13日のイスラエル・アラブ首長国連邦（ＵＡＥ）国交正常化合意は、そうした外交の成果の表出である。

内政でも成果を出している。米国製造業の首を絞めていた数えきれないほど規制を次々と廃止し、製造業やエネルギー産業を復活させた。過激環境保護政策をとったオバマ政権の「悪しき置き土産」からの決別がその理由である。貿易政策も自由貿易から「フェアな保護貿易」に切り替えた。その象徴が、オバマ政権の「野放図な」自由貿易政策のメリットを一方的に享受しながら、米国の知的財産を盗み続けてきた中国に対する厳しい態度である。ＮＡＦＴＡ（北米自由貿易協定）に代わる新貿易協定（ＵＳＭＣＡ：米国・メキシコ・カナダ協定）も２０２０年7月1日から発効となった。

トランプ政権の諸政策により２０２０年初めまでの米国は未曽有の好景気に沸いた。失業率も史上最低を記録し、政権発足から3年間の平均失業率はわずか３・９％だった。オバマ前政権では同時期には９・３％もあった（別掲表）。ニューヨークダウは２０２０年2月12日には2万９５５1ドルの最高値をつけた。この1週間前（2月5日）には、ワシントン上院は下院から送られたウクライナゲートを理由とした大統領弾劾決議案を否決していた。こうして民主党のトランプ大統領攻撃の弾が尽きた。

表1　米国政権発足後の35カ月の平均失業率

大統領	First 35 Months	平均失業率
アイゼンハワー	1953.2〜1955.12	4.3
ケネディ※	1961.2〜1963.11	6.2
ジョンソン	1963.12〜1966.10	4.6
ニクソン	1969.2〜1971.12	4.8
カーター	1977.2〜1979.12	6.3
レーガン	1981.2〜1983.12	9.0
ブッシュ（父）	1989.2〜1991.12	5.9
クリントン	1993.2〜1995.12	6.2
ブッシュ	2001.2〜2007.12	5.5
オバマ	2009.2〜2011.12	9.3
トランプ	2017.2〜2019.12	3.9

ワシントン・イグザミナー紙（2020年1月10日）
※34カ月目に暗殺

コロナ禍で活気づいた民主党

そうした中で突然、中国武漢発のコロナ禍がアメリカを襲った。当初は、米国の医療系高官は、中国当局の言葉を信用し、「人人」感染はないと判断した。アメリカ国立アレルギー・感染症研究所長アンソニー・ファウチは、２０２０年２月29日のＮＢＣの番組で、「現時点でコロナウイルス感染防止に、普段の生活を変える必要はない」と発言した。トランプ大統領が中国からの入国制限（1月31日）を決めてから既に1月近くが経っていた時期である。

後にわかったことだがファウチ所長は民主党支持者だった。正確に言えば「熱烈なヒラリー・クリントン」信者だった。この頃の民主党は、中国からの入国制限措置を激しく非難し、「トランプは外国人嫌いの人種差別主義者」だと罵っていた。ナンシー・ペロシ下院議長（民主党）は選挙区（サンフランシスコ市中心部）のチャイナタウンを支持者とともに練り歩き、「皆さんもぜひチャイナタウンに来てください」（2月24日）と呼びかけていた。ニューヨーク市（ビル・デブラシオ市長：民主党）も、市の衛生局幹部が、旧正月の準備を進める中華街を訪れ、いかなる警戒も要らないと自信満々だった（2月2日）。

ところが3月に入ると新型コロナウイルスによる感染爆発が始まった。これに株式市場が反応し3月16日にはNYダウは2997ポイント（12・9％）急落した。過去最大の下落幅だった。民主党が、コロナ不況が大統領選に使えることを確信したのはこの頃である。コロナウイルスを楽観視してきた過去の発言を棚に上げ、「トランプ大統領の対策が甘い」の大合唱が始まった。

211頁のチャートは3月3日から8月15日までのニューヨーク市の死者数の推移を示しているが、3月末から4月にかけて急激に死亡者が増えていることがわかる。民主党の応援団である主要メディアも、「すべてがトランプ大統領の責任プロパガンダ」を開始した。

全国の看護関係労働組合をも動員し、マスクを中心とした防護用具や人工呼吸器の不足を訴えさせ、それが大統領の責任であるかのような態度をとらせた。

しかし、こうした緊急事態への備えは本来は地方自治体の管轄であった。ニューヨーク州では緊急時の人工呼吸器の不足がすでに専門家委員会によって指摘されていた。それにもかかわらず予算措置をとらなかったのはアンドリュー・クオモ知事（民主党）だった。一方で、彼は環境問題には熱心で、住宅用太陽光パネル製造プロジェクト（Solar City）に7億5000万ドルを注ぎ込んでいた。このプロジェクトは失敗し、同州はその債権を米国電気自動車メーカーのテスラにわずか1ドルで売却した。ニューヨークの緊急用医療器具の不足はクオモ知事の責任であった。

コロナによる死者数を増やせ

株式市場の低迷で、「コロナによる死者が増えた方が好ましい」という民主党による政治バイアスがかかった。死者が増え、経済の低迷が長引くほどトランプ大統領攻撃には好都合である。これに民主党支持の医療官僚が加担した。2020年4月、「コロナウイルス感染による死亡判断のためのガイドライン」が発表された。そこには、「コロナ死」が実態以上に多く報告される「工夫」がなされていた。冒頭に書いたように、医師の死因の

表2　ニューヨーク市コロナ死亡者数1日当たりの推移（3月7日〜8月14日）

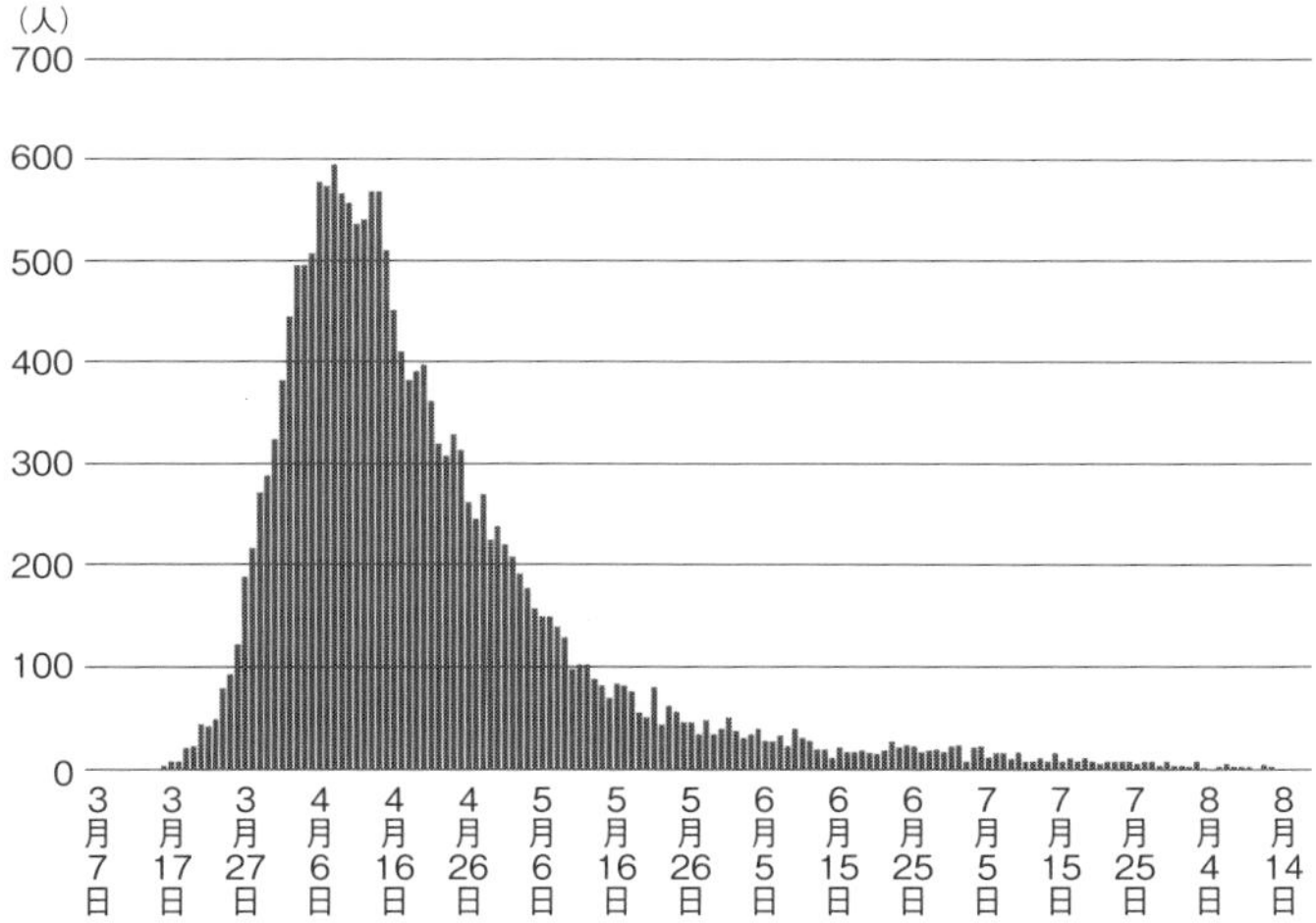

判断はガイドラインに大きく左右される。

新「ガイドライン」[*2]（212頁）は、コロナウイルスを死因と判定する際に適用すべき判断基準を示す。このウイルスは、特に高齢者の呼吸器系に重度の障害を起こす。高齢者の多くはは高血圧、糖尿病などの持病を持っている。本来であれば、コロナに感染した場合でも、真の死因はコロナでない場合がある。しかし新「ガイドライン」ではコロナに感染していると疑われる情報があれば「コロナ死」と記入することが許されていた。

多くの医師がこの指針に疑義を呈した。その一人がスコット・ジェンセン医師（ミ

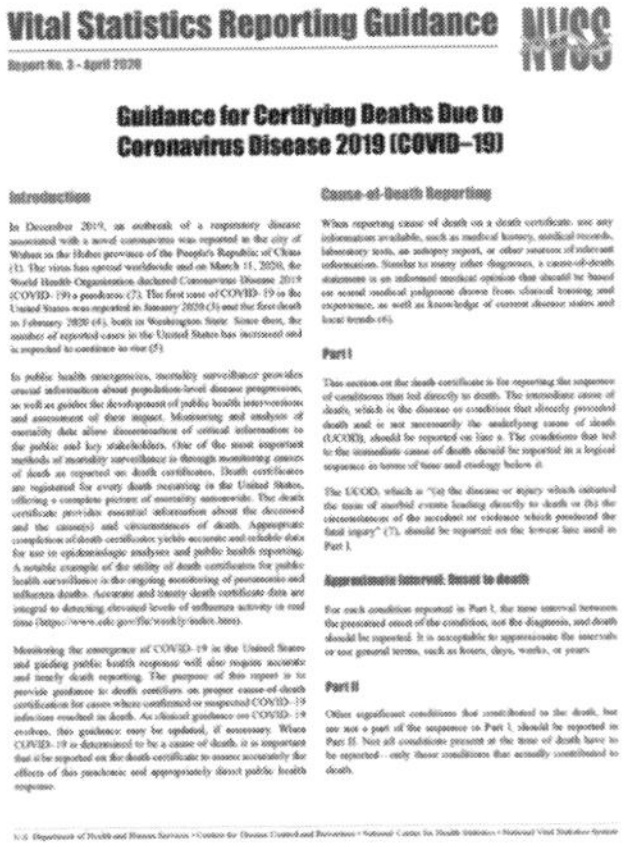

Vital Statistics Reporting Guidance NVSS

Report No. 3 - April 2020

Guidance for Certifying Deaths Due to Coronavirus Disease 2019 (COVID–19)

Introduction

Cause-of-Death Reporting

Part I

Approximate Interval: Onset to death

Part II

「コロナウイルスによる死因決定のための新ガイドライン」表紙

ネソタ州議会議員：共和党）である。[*3] 彼は、新ガイドラインが、従来適用されていたインフルエンザ患者の死因決定指針と大きく違っていることに気づいた。それまでは、インフルエンザに罹患し、呼吸器系に問題を抱えた高齢患者が、インフルエンザに罹患し、症状を悪化させた場合（肺炎などを発症させた場合）、その死因をインフルエンザとするよう「積極的に」指導してはいなかった。ところが、コロナウイルスに限っては、コロナウイルスを死因とすることを勧めるような判断基準が示されていた。

例えば死亡した患者が感染者に接近していた、あるいは親族に感染者がいたといった情報（状況証拠）があれば、感染の有無のテストがなくてもコロナ死と判断して構わないとされた。親民主党系の医療官僚（広義のディープステイト）が特定政党に有利になるガイドラインを作成したのではないかと疑われた。

医師の判定を歪める金銭的要因もあった。コロナ患者を受け入れた医療施設には保険機構（ＭＥＤＩＣＡＲＥ）から特別報奨金がでるのである。患者一人受け入れにつき１万３０００ドル、人工呼吸器が処置されれば３万９０００ドルが上乗せされた。

内部要因（コロナ死を多めに報告できる新ガイドライン）と外部要因（医師の判断を歪める金銭的インセンティブ）の相乗で、コロナウイルスによる死者は相当に水増しされた可能性がある。「子供の健康防衛機構（ＣＨＤ：Children's Health Defense）」は、学校の早期再開を求める団体である。彼らは、児童教育には仲間との触れ合いが肝要だと考える。秋の学校閉鎖を求めリモート教育を強要しようとする民主党系教職員労働組合に反発している。ＣＨＤは、死者数の90％は水増し（過大報告）の可能性があると推計している。[*4] この数字は、２０２０年8月、ＣＤＣが「コロナウイルスだけが原因で死亡した患者は6％であった」と発表したことで確認された。

医療現場からの告発

こうした疑念を裏付けるように医療現場からの告発も始まった。次頁はニューヨーク市クイーンズの公立病院でコロナ患者の治療に当たった看護師エリン・オルゼウスキの告発

エリン・オルゼウスキの告発書
『Undercover Epicenter Nurse』の表紙

の書である。２０２０年８月19日現在、米国アマゾンでベストセラーとなっている。

　オルゼウスキは、イラクに派遣された元米陸軍兵士で、退役後に看護師資格を取得した。ニューヨーク市はコロナ患者の増大で多くのボランティア看護師を募集した。２０２０年４月、彼女はそれに応じた。同市の医療組織の混乱ぶりはひどく、派遣される医療現場が決定するまで彼女は18日間も市内のホテルに待機を強いられた。最終的に派遣先は同市クイーンズ地区にあるエルムハースト病院となった。コロナ禍の中心にある大規模医療施設だった。そこで彼女は人工呼吸器がフル稼働しているのを見た。

　病院は、コロナ感染者と家族との接触を完全に制限できた。冒頭で紹介したように、高齢者が肺炎を発症し回復の見込みがない場合、米国でも患者のＱＯＬを考えて積極的治療を控えるのが常だった。ところがここに３万９０００ドルの補助金が関わってきた。親族は患者と接触ができないなかで、人工呼吸器装着が医師の判断だけで可能になった。親族からQOLを考慮した治療を願う言葉も届かない空間ができていた。「治療法のない」環境での処置だから患者が死亡しても医療過誤訴訟の心配もなかった。

病院が所有するすべての人工呼吸器がフル稼働していたのにはこうした背景があった。呼吸器の回転率が上がれば（死亡者が増えれば）高額の支援金が病院に入る仕組みがあった。無意味な人工呼吸器の使用のあまりの多さにオルゼウスキの心は痛んだ。

「私はホテルに帰ると涙が溢れてしかたがありませんでした。（中略）相談した弁護士は現場を撮影するようにとスパイ用カメラを準備してくれました。それを感染防護キットに隠したのです[*5]」

オルゼウスキは、同病院が非感染者と感染者を隔離していなかったことも明かしている。病院は感染者が増えた方が儲かる。カオスの中の治療であるだけに、ここでもこの問題で医療過誤の責任を問われる可能性は低い。彼女は、重度糖尿病患者（高齢男性）が非感染であるにもかかわらず、人工呼吸器を装着されコロナ患者と扱われたケースも報告している。

「人工呼吸器の装着で患者は救われていない。3月1日から4月4日の調査では、そうした患者の88％が死亡していた[*6]」

2020年6月9日、オルゼウスキの告発インタビューが公開され140万人が見た。

ニューヨーク市の多くの病院がコロナウイルス患者の処置に慎重になったのはそれ以降のことである。[*7] 4月には人工呼吸器がまったく足りないと騒いでいた病院からたちまちその悲鳴が消えた。トランプ大統領がその悲鳴に応えて緊急製造させた人工呼吸器はいまはほとんど使われずに在庫として積みあがった。もともと不要であった呼吸器の使用を医師が止めただけではなかったかと疑われても仕方がない。

トランプ大統領が服用する薬へのバッシング

以上のように、コロナ禍を考える上での基礎データ（死者数）が、「政治」と「金」の2つのバイアスで大きく歪められていることが理解できよう。外部要因がしでかす「悪さ」はこれにとどまらない。

2020年3月、トランプ大統領がある薬を服用して予防に成功しているようだと語った。大統領の服用している薬はヒドロキシクロロキン（Hydroxychloroquine）だった。1955年から使用されている一般的な薬（安全性が確認されている薬剤）で、マラリア予防や関節リュウマチの炎症軽減に処方されてきた。安全性が実証されている薬でありながら、トランプ大統領の言動のすべてに反対する主要メディア（民主党の拡声器）が、一斉にヒドロキシクロロキンのバッシングを始めた。「効果の確認されていない薬を推奨する

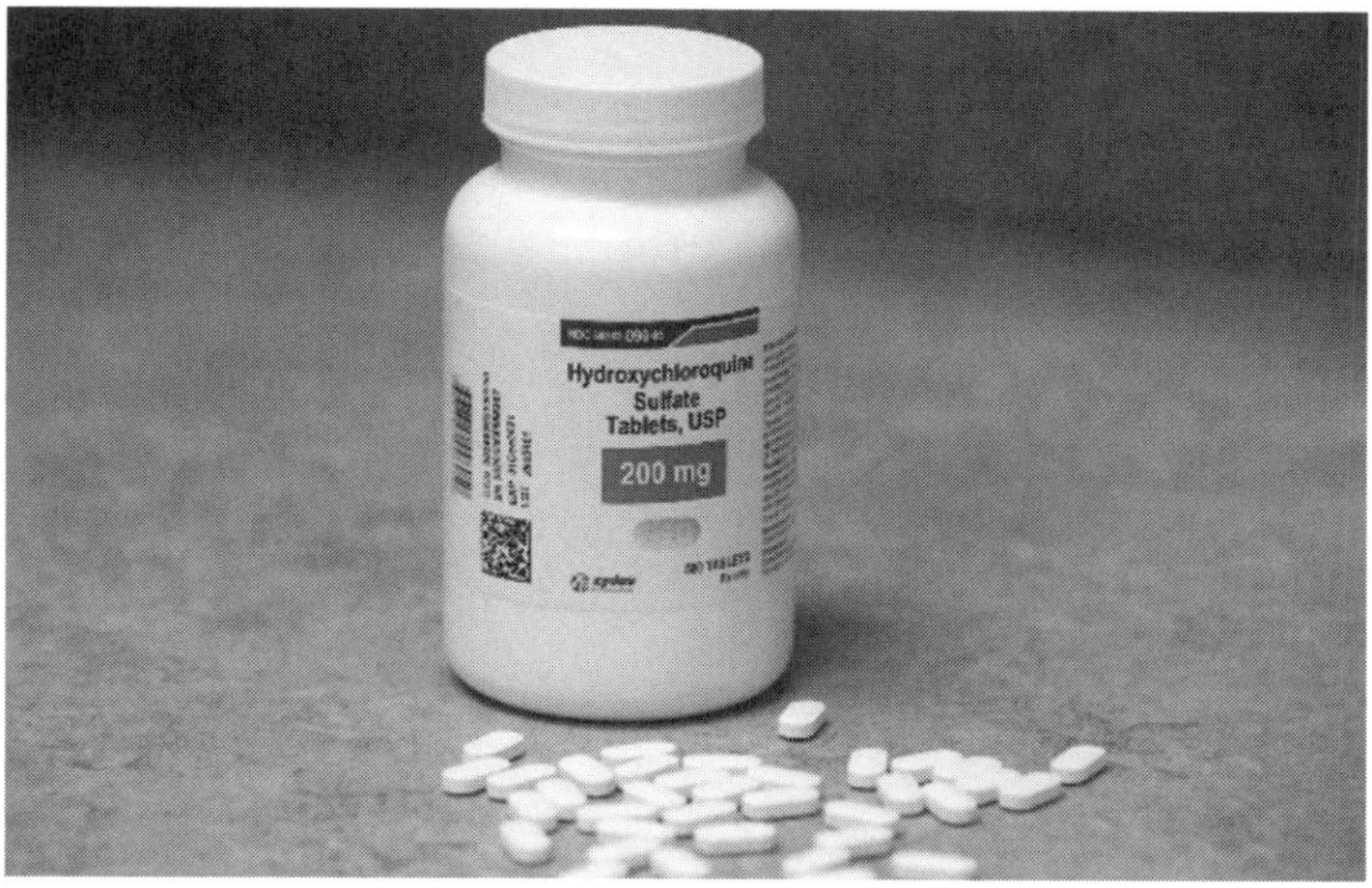

少なくない数の臨床医がコロナ患者に投与し改善が見られた報告するヒドロキシクロロキン

とは何事だ」キャンペーンである。

このバッシングに医療官僚も加担した。その典型は、前述のアメリカ国立アレルギー・感染症研究所長アンソニー・ファウチである。彼は、この薬は効果がないとして医師の処方を制限する動きを見せた。しかし、この薬と抗生物質および亜鉛サプリメントを混合した処方で、肺機能障害を起こしていた患者が劇的な回復を見せたことは、全米の多くの医師が報告していた。

カリフォルニア州の大手医療機関メンンド・アージェントセンターのアンソニー・カルディヨ医師は、「私の診た患者はみな重篤な症状を見せていた。しかしヒドロキシクロロキンの処方後８～12時間でそうした症状が消えた。臨床的に言えば処方が見つかったということになる。亜鉛と併用することが大事で、（ヒドロキシクロロキンと亜鉛のカクテルが）ウイルスの増殖を防いでいる」[*8]と指摘する。

エール大学教授ハーヴェイ・リシュ（疫学）も、自身の患者にヒドロキシクロロキン、1～2種類の抗生物質、亜鉛サプリメントを混ぜた「カクテル」の投与で明らかな効果を確認していた。[*9]

ファウチ所長のような民主党支持の医療関係者にとってこの薬に効果があってもらっては困る理由が2つある。1つは、大きな効果があれば、「せっかくの民主党が望む経済停滞」が続かないことである。もう一点は、この薬が安価なことである。製薬各社はしのぎを削ってワクチンの開発を進めている。「安い薬が効いてもらってはまずい」のである。「政治と金」が「科学であるべき医療」を歪めているのである。

民主党もこの薬を服用していると公言した大統領を責めた。医療官僚はこの薬は「副作用が酷い」として医師の処方に突然の制限をかけた。WHOも副作用の危険性を発表した。WHOの実験では、患者に対して初日に2000mg、さらにその後の10日間で8800mgを投与していた。

ヒドロキシクロロキンに効果を認める医師たちの推奨する処方量は、初日400mg×2、その後の4日間は200mg×2である。[*10] WHOは、副作用をあえて出させる試験をしたのではないかと疑われている。医師たちは、ヒドロキシクロロキンが「魔法の薬」であるとは言っていない。症状の劇的緩和が観察され、死亡率が顕著に下がっていると報告しているのである。

効果の存在を公にした医師が解雇されるなどの不穏な事態も起きている。権威ある医学専門誌にも反ヒドロキシクロロキンの論文が掲載されたが、そこにはデータ改ざんがあると疑われている（原データを第三者に公開していない）。ネット上でも、ヒドロキシクロロキンの効果を報告する医師たちのサイトが複数存在したが、削除されたり、アクセスが制限されている。私たちの知らないところで「腹黒い何か」が動いている。[*11]

もう1つの怪しいニュース

2020年8月、もう1つ怪しいニュースが飛び込んできた。ワクチン開発「10兆円以上必要」とWHO事務局長が訴えたのだ（「日本経済新聞」2020年8月11日付）。「世界保健機関（WHO）のテドロス事務局長は10日の記者会見で、新型コロナウイルスのワクチンの開発などに向け『1000億ドル（約10兆6000億円）以上が必要だ』と述べた。一部は既に臨床試験（治験）の最終段階に入っており、各国政府や企業にさらなる資金支援を求めた。WHOは4月、ワクチンや治療薬、診断薬の早期開発と普及に向け、国際的な協力体制『ACTアクセラレーター』を立ち上げた。2021年末までに世界で計20億回分のワクチンの供給を目指している。（後略）」

1000億ドルの資金が必要だと主張するWHOは米国の脱退で資金繰りに窮している。ワクチン開発を利用して巨額な資金調達を画策しているのではないかと疑わせる報道である。WHOも安価な薬が効果を発揮してもらっては困るのである。ヒドロキシクロロキン以外にも現場の医師が効果が見られたとする「安価な薬」は複数ある。しかし、そうした情報を主要メディアは伝えない。

すべてのバイアスを排した後に現れるこの病の実態を知れば、このウイルスが「枯れ尾花」に過ぎなかった可能性は十分にあると思っている。

*注

民主党大統領選候補と正式指名されたジョー・バイデンは公約の1つに「全国民のマスク強制着用」を挙げた（2020年8月20日）。政治バイアスは相変わらずである。コロナウイルスの実態解明は大統領選後になる。

＊1：Rasmussen Reports, June 20, 2020
https://www.rasmussenreports.com/public_content/politics/elections/election_2020/38_of_voters_think_biden_has_dementia
＊2：Guidance for Certifying Deaths Due to Coronavirus Disease 2019(COVID-19), April 2020
＊3：Charles Creitz, Minnesota doctor blasts ‚ridiculous′ CDC coronavirus death count guidelines, Fox News, April 9, 2020
https://www.foxnews.com/media/physician-blasts-cdc-coronavirus-death-count-guidelines
＊4：If COVID Fatalities Were 90.2% Lower, How Would You Feel About Schools Reopening？ July 24, 2020
https://childrenshealthdefense.org/news/if-covid-fatalities-were-90-2-lower-how-would-you-feel-about-schools-reopening/
＊5、7：彼女の告発内容は下記によった。
Joseph Mercola, Frontline Nurse Speaks Out About Lethal Protocols, Mercom.com, August 17, 2020
＊6：https://sptnkne.ws/Ch7z
＊8：Katie Pavlich, Thousands of Doctors: Yes, Hydroxychloroquine Works Against Wuhan Coronavirus, Townhall, April 06, 2020
＊9：Dr. Fauci running ‚misinformation campaign′ against hydroxychloroquine, The Liberty Beacon, July 30, 2020

＊10：https://www.lewrockwell.com/2020/08/joseph-mercola/hydroxychloroquine-protocol-continues-getting-censored/

＊11：本論考発表後の2020年12月1日、ファイザー社の元副社長マイケル・イードン博士らがコロナワクチンの危険性について警告している。（2020NEWS、2020年12月1日付：https://2020news.de/en/dr-wodarg-and-dr-yeadon-request-a-stop-of-all-corona-vaccination-studies-and-call-for-co-signing-the-petition/）報じられた危険性は複数あるが以下の記述は特に重要であるので読者に紹介しておきたい。

開発中のワクチンは、SARS-CoV-2（コロナウイルス）の持つスパイクタンパク質に対する抗体を生成することが期待されている。問題は、（ターゲットとする）スパイクタンパク質にはシンシチン・ホモログ・タンパク質（Syncytin-homologous protein）が含まれていることである。このタンパク質は哺乳類（ヒト含む）が胎盤を形成する際に欠かせない。従って、開発されるワクチンが、シンシチン・ホモログ・タンパク質に対して「悪さ」をしないことを絶対的に確認する必要がある。そうでなければワクチンを接種した女性が不妊症に陥る可能性がある。

あとがきにかえて

2022年はカオス、米国分裂と闘うトランプの逆襲

本書の基本構成は、冒頭に書いたように、「客観的に見れば、今回の大統領選で大規模な不正があったとは極めて考えにくい」という主張に対する、米国公文書を使った反論である。読者はアメリカ型不正のスケールの大きさに眩暈を覚えたのではなかろうか。民主党は、まともに選挙戦を戦えば誰を擁立しても勝てないことを知っていた。2016年選挙で、彼らが満を持して擁立したヒラリー・クリントンでさえ敗れたのである。

米国主要メディアは彼女のスキャンダル（私的メールサーバー利用および国家機密漏洩疑惑）を隠し通し、トランプは「女性蔑視で、外国人嫌いで、政治の素人」だと非難し続けた。それでも彼女は敗れた。2020年の大統領選挙前の各種世論調査では、バイデンリードの結果が続いていた。しかし、調査会社が民主党寄りのサンプルを多く拾っていた疑いが濃い。民主党と（世論調査会社を含む）メディアの共同作戦であり、バイデンが勝っても不思議ではないという「空気」を創作していたのである。本書に挙げた不正選挙実行のための外堀を埋める作業であった。

トランプ政権は外交、内政、経済に実績を残しており、黒人・ラテン系などの少数派の失業率も過去最低だった。従来は圧倒的民主党支持の黒人・ラテン層のトランプ支持率は

着実に上がっていた。外交の成果も著しく、中東の混乱を収束させていた。トランプは一度も戦争を起こさなかった稀有な大統領だった。過去の大統領選の諸データに基づいても負ける要素はどこにもなかった。民主党が、トランプ大統領に勝利するには、選挙プロセス自体を操作するしか方法はなかったのである。彼らのやり口は、本書を通じて十分に理解していただけたと思っている。

名前だけの共和党政治家

しかし多くの読者の心に、たちまちある疑問が湧き上がっているに違いない。「共和党はいったい何をしていたのか？」という問いである。共和党は州レベルでも連邦レベルでも、民主党の州法を無視したご都合主義的選挙管理運営を放置した。選挙後、州民から寄せられる激しい抗議の前に各州は公聴会は開いたがそこまでであった。選挙違反に対する州司法の捜査要求も強く求めていない。要するに共和党内部にも民主党の暴挙を許す空気があったのである。

本書の中で度々「名前だけの共和党政治家（ＲＩＮＯ）」という表現が出てくる。「名前だけの共和党政治家」を言い換えれば、「さまざまな理由でトランプ嫌いの共和党政治家」という意味になる。彼らこそが、民主党の無法を故意に放置する「無作為の作為」を見せ、民主党の無法を生んだのである。連邦議会の共和党議員も州共和党の無作為を積極的に矯正していない。

「名前だけの共和党政治家」を大別すれば3つの系統に分類できる。

1つはネオコン（ネオコンサーバティブ）である。彼らはソビエト崩壊後の世界を米国一極覇権体制にすることを目論む戦争屋であった。彼らの本籍地はもともと民主党だったが、同党の過度な左傾化を嫌って共和党に移ってきた。彼らの望みは2つのブッシュ政権で成就した。第1次湾岸戦争（1991年：パパブッシュ）、イラク侵攻（2003年：子ブッシュ）がその典型である。

オバマ政権時代には中東（および東欧）の「民主化」が進められた（アラブの春）。そのクライマックスがリビアのカッザーフィー政権の排除であった。続いてシリアの「民主化」を進めようとしている矢先にトランプ大統領が登場した。トランプ大統領は、イスラム過激派（ISIS）を利用して強引にレジームチェンジを図るネオコン議員や官僚を嫌悪していた。共和党ネオコン議員はオバマ外交を陰で支えていただけにトランプの登場に慌てた。

ネオコン外交を現場レベルで担ったのが中央情報局（CIA）であった。ラトクリフ報告書に書かれているように、CIAはトランプ外交の足かせとなっていた。ネオコン外交の実行犯であった彼らはトランプ政権に徹底抗戦した。

トランプ大統領の外交は、共和党の伝統（第2次世界大戦前）への回帰を目指すものであった。共和党は、「米国はいがみ合いの当事者にはならずあくまで仲介役に徹する」の立場を取っていた。その思想に立ち帰ったトランプ外交は成果を生んでいた。それが「はじめに」で書いた、イスラエル・アラブ首長国連邦国交正常化合意（2020年8月13日）であり、米・タリバン和平合意（2020年2月29日）だったのである。

共和党内ネオコンはトランプの外交方針転換が不愉快であった。その典型がリンゼイ・グラム上院議員（サウスカロライナ州）であった。彼は、上院司法委員会委員長を務める共和党幹部だが、その立場を利用して、オバマ元大統領や同政権幹部の悪行を庇い続けた。FBIを利用してマイケル・フリン元中将（トランプ政権初代安全保障問題補佐官）を失脚させた事件において、オバマ元大統領直々の指揮（違法行為）があった。それがいくつかの公文書の公開で明らかになってくると、彼の証人喚問を求める声が上がった。しかし、グラムはそれをしなかった（させなかった）。ウクライナゲート事件（バイデンの息子ハンターに対するウクライナ天然ガス会社ブリスマからの利益供与疑惑）でもハンター・バイデンの証人喚問が行われていない。これにもグラムの強い反対あるいは「無作為の故意」があったと疑われている。

グラムは、先の選挙で再選されたがトランプ大統領の支援があった。そのこともあって、トランプ支持の発言も多々あったが、ネオコン的体質は最後まで変わらなかった。彼は激戦6州における選挙不正の疑いを暴こうとはしなかった。

下院でのネオコンの大物は共和党内第3位の序列にあるリズ・チェイニー（ワイオミング州）である。彼女の父親はネオコンの巨頭ディック・チェイニー（ジョージ・W・ブッシュ政権副大統領）である。民主党は、「ワシントン議会侵入事件（2021年1月6日）をトランプ大統領が扇動した」と難癖をつけ、トランプ大統領の二度目の弾劾を試みた。彼女は下院議決で賛成に回った10人の共和党議員の一人であった（1月13日）。

ネオコン共和党議員はトランプ再選を望んではいなかった。なおネオコンと目されていたテッド・クルーズ上院議員（テキサス州）は、完全に親トランプに舵を切った。

第二の「名前だけの共和党政治家」は、民主党と「仲良く」長年にわたり政治を仕切ってきたプロの政治屋たちである。その筆頭格がミッチ・マコーネル上院議員（ケンタッキー州）とミット・ロムニー上院議員（ユタ州）である。前者は上院院内総務であり、後者は2012年大統領選挙の共和党候補であった。マコーネルは、激戦6州の選挙不正疑惑が渦巻いている中、早々に白旗を上げ、選挙結果を認めるよう同党議員に迫った。ロムニーは、上記に書いたトランプ弾劾の上院議決で賛成に回った7人の共和党議員の一人だった。

共和党エスタブリッシュメントである彼らのやり方は、過激リベラルとなった民主党との妥協の歴史だった。日本の自由民主党が旧日本社会党に寄り添った「過度な妥協政治」を進めて腐敗した歴史を知る日本人にとって、彼らの生態は容易に想像できよう。そもそも、彼らがアメリカの国柄・伝統を守ると覚悟を決めて、しっかりと民主党の過激化に対峙していればドナルド・トランプは２０１６年の選挙に立候補する必要がなかったのである。

共和党エスタブリッシュメントは、政治経験のないトランプを嫌った。おそらくそこには世論の絶大な支持を受ける同氏への「男の妬み」もあったに違いない。そうでありながら二人はトランプ人気を自身の権力維持に利用した。ロムニーは、２０１８年の中間選挙で、引退するオーリン・ハッチ議員の後釜となり当選したが、嫌いなはずのトランプ大統領に後任指名を受けられるよう懇願したからである。マコーネルは、先の選挙で再選されたが、民主党候補に追い上げられて危うかった。民主党候補の後塵を拝していた彼の支持率が急上昇したのはトランプ大統領が応援に入ってからである。二人の政治屋は、恩をあだで返した。

第三の「名前だけの共和党政治家」は、金と権力に共和党精神を忘れた政治屋である。

その典型が、本書でも厳しく批判されているジョージア州知事ブライアン・ケンプ、同州務長官ブラッド・ラッフェンスパーガーである。ジョージア州は、中国との関係が濃密である。同州には国際イニシアティブ局があるが同局の方針は中国との経済関係の深化である。孔子学院を設置しているジョージア州立大学のホームページには以下の記述がある。

州国際イニシアティブ局の方針に沿って、当学学生は、世界の科学及びビジネス教育の発展に参加し寄与する。当学に設置された孔子学院は世界のパワーハウスとなった中国との親密なコネクションでその一環を担っている。[*1]

ケンプ知事もラッフェンスパーガー州務長官も、中国に厳しい態度をとるトランプ大統領の外交を嫌う。彼らは国益よりも州益を重んじた。二人には、中国からの収賄疑惑も出ていた。ジョージア州の出鱈目な選挙管理プロセスを批判するトランプ陣営のリン・ウッド弁護士は次のように述べている。

「ブライアン・ケンプは中国マネーにまみれた腐敗政治家である。彼は先の選挙の本当の数字が明らかになって選挙結果が覆されるようなことがあっては困るのである。トランプ第二期政権となれば奴は牢屋行きの可能性がある」

「私は、『ケンプとラッフェンスパーガーが、ドミニオン投票機導入とコロナウイルス予防グッズ購入（注：中共製マスクなどの緊急輸入）の見返りで裏金を貰っている』と公言している。それでも奴らは私を名誉棄損で訴えてこない。彼らは金を受け取っているからだ。仮に奴らが訴えてきても名誉棄損裁判の専門である私には望むところだ。証拠開示請求をかけて奴らの悪事を暴いてやる」[*2]

ケンプ知事も2018年選挙でトランプ大統領の支援を受けて当選した。「名前だけの共和党政治家」の無節操ぶりは常軌を逸している。彼らがいたからこそ民主党は好き放題ができたのである。

トランプと共和党の今後

2021年2月28日、CPAC（保守政治活動協議会：Conservative Political Action Conference）大会でトランプ前大統領は久方ぶりのスピーチに臨んだ（フロリダ州オーランド）。登壇するや会場には万雷の拍手が沸き、彼が米国保守運動のいまだ中心人物であることをあらためて知らしめた。やまない歓声と拍手を自ら静めて始まったスピーチには、これからの彼と今後の共和党の動きを占うヒントが溢れていた。
まず、トランプ新党立ち上げの噂をきっぱりと否定し、共和党を中心にした保守運動の先頭に立つことを明言した。民主党もそして中国も共和党の分裂を望んできた。新党立ち上げの噂が渦巻いていたがトランプは、「保守運動分裂を狙うフェイクニュースだ」と切り捨てた。筆者は共和党の分裂は敵対勢力を利すると憂えていただけに[*3]、正しい方針が示されたと安堵している。

そうとなれば、次に待っている作業は、「名前だけの共和党政治家」の排除である。トランプの唯一の弱点は「情の脆さ」である。政治屋たちを疑ってはいても最後は信用した。だからこそ、ロムニー、マコーネルあるいはケンプの選挙に協力した。しかし、トランプも彼らの裏切りで政治屋の真の性癖を知ったはずである。共和党はこうした政治屋を一掃しない限り政権を奪い返せない。彼は、二度目の弾劾決議で賛成に回った議員らの名を挙げて、激しく批判した。特に問題にしたのはネオコン政治家リズ・チェイニーだった。

「（ワシントンには）戦争大好きの政治家（warmonger：ネオコンの意）がいる。彼らは、わが国兵士が世界中で血を流し続けて欲しいのである。リズ・チェイニーはそういう政治家

CPACで演説するトランプ前大統領（2021年2月28日：フロリダ州オーランド）
ZUMA Press/アフロ

である。しかし彼女の州（ワイオミング州）での支持率は（弾劾に賛成後）急落した。ワイオミング州民は次の選挙で彼女を落とすことは間違いない」

たしかに共和党支持者のチェイニー支持率はわずか10％に急落していた。2022年の中間選挙では共和党内対抗馬アンソニー・ブッチャード（州上院議員）に敗れ党候補者にもなれないだろう。他のトランプ弾劾賛成の共和党議員も同様の運命をたどることになろう。共和党の再生は、「名前だけの共和党政治家」を排除できるか否かにかかっている。

トランプスピーチが半ばを過ぎたころ、聴衆から「We love you!」の歓声があがった。政治家に対して一般人が「love」という動詞は普通使わない。「We love you !」の声が上がったのは、先の大統領選挙戦ラリーでのことであった。飛行場滑走路脇で行われた演説会（ラリー）は常に数万の支持者を集めた。コロナウイルスを理由に自宅に籠るバイデン候補とは好対照をなしていた。

トランプラリーのほぼすべてを筆者はリアルタイムで見ていたが、「We love you!」の歓声が初めて上がったのは2020年9月8日ウィンストン・セーラム（ノースカロライナ州）の会場であった。トランプ大統領はその声に一瞬戸惑いの表情を見せたあと照れた笑みを浮かべた。その後は、「We love you!」の声がどの会場でも聞かれるようになった。9月11日のフリーランド（ミシガン州）のラリーでは、「もう止めてくれないか。涙が出てしまう」と目頭をおさえた。

この熱狂は共和党支持者から今も消えていなかったのである。彼らの支持はこれからも高止まりしたまま続くであろう。2024年の大統領選挙に再出馬するかについては含みを持たせた発言で終えたが、筆者は再出馬の可能性は高いと考えている。トランプは、CPACスピーチでマコーネル院内総務も批判した。マコーネルは、もうすぐ80歳になろうとしておりこれが最後の任期となる。スキャンダルには事欠かなかったオバマ政権の高官を追い詰められなかった責任は彼にもある。共和党が強くなるためには、親トランプのアグレッシブな少壮上院議員が登場しなくてはならない。

「We love you!」の歓声に溢れたトランプラリー　AP/アフロ

民主党の戦略

民主党は無理筋の二度目のトランプ大統領弾劾に失敗した。退任する大統領までも弾劾しようとする彼らの動機は、上記で書いたような圧倒的なトランプ人気である。歴代最高票である7400万票は、正攻法の選挙戦で勝ち取ったものである。本書に明かされた票の付け替えやトランプ票の破棄がなければもっと高い数字になっていた。

民主党はこれからも腐臭漂う違法な選挙戦を通じてしか政権を維持できないことを知っている。2021年3月3日深夜、ワシントン下院は法案HR1を10票差で可決した。詳細を記す紙幅はないが、本書で記した選挙不正（灰色部分含む）行為のほぼすべてを合法にしようとする法律である。郵便投票の一般化を推し進めながら、有権者登録・本人照合プロセスの簡素化を求めている。民主党は、腐臭選挙で勝ち取った権力維持のために「法律をいじる」ことにしたのである。このことは民主党も先の選挙の不正を認識していることの証左でもある。

ＨＲ１には、当日登録受付の義務化（現状は州によって異なる。当日登録は有権者資格確認が難しい）や、犯罪者の投票容認なども含まれている。民主党は、この法案が党派性の高い危ない内容であることを知っている。議決の日、民主党に牛耳られたワシントン下院は、抗議の声を抑え込もうとワシントン議会周辺を警備する州兵の駐屯を60日延長させると決めた。

上院で可決されてもＨＲ１は合衆国憲法違反の可能性が高い。いずれにせよ、有権者確認手続きを徹底的に緩めることで市民権を持たない者にも「実質的に投票権を与える」のがこの法律である。２０２２年の中間選挙の現場はカオスになる。共和党が優勢な激戦州議会がいかなる選挙管理を州政府に求めるか他州も注目する。２０２０年の出鱈目が繰り返されることになれば、アメリカ合衆国の分裂も視野に入る。既にテキサス州では、その法的手続き（ＴＥＸＩＴ）の研究が始まっている。

米国の分裂弱体化は、中国の究極目標である。筆者は、共和党が蘇り、リベラル全体主義に堕した民主党を再び上下両院で少数派に追い落とすことを期待している。

なお、民主党は今後もコロナ禍を郵便投票一般化の正当化理由に使おうとしている。しばらくは「コロナは怖い」プロパガンダは止まないであろう。

本書の企画は、先の選挙の実態を日本の読者に知らしめ、何があったかをしっかり記録しておくべきだと考えた佐藤春生（ビジネス社編集部）さんの発案による。本書が、これからの米国政治のベクトルを理解する上で些かでも読者の益になれば幸いである。

2021年　春

筆者

＊1：ジョージア州立大学HP
Connections To China - Georgia State University News - (gsu.edu)

＊2：Channel 411 News, November 23, 2021
BREAKING: TREASON: GA Gov. Kemp and CA Gov. Newsom bought off by communist China in covid supplies kickback and money laundering schemes - source (channel411news.com)
（注：当該記事は本稿執筆時点（3月5日）で閲覧できているが本書発売時にはソーシャルメディアにより削除されている可能性あり）

＊3：藤井厳喜氏との対談「リベラル派に国を乗っ取られた米国」月刊ＷＩＬＬ、２０２１年3月号

著者略歴
渡辺惣樹（わたなべ　そうき）
日米近現代史研究家。1954年生まれ。静岡県下田市出身。東京大学経済学部卒業。日本専売公社（現・日本たばこ産業）に勤務したのち、日米近現代史の研究を始める。
米英ほか歴史資料を広く渉猟し、日本開国から太平洋戦争開戦に至る日米関係史を考究。米国側の視点を取り入れつつ、この間の歴史を国際関係のなかで俯瞰した著作を上梓して高い評価を得る。ソーワトレーディング代表、カナダ在住。
著書に『日米衝突の萌芽1898-1918』（第22回山本七平賞奨励賞）『日米衝突の根源1858-1908』（いずれも現在は草思社文庫に所収）、『英国の闇チャーチル』『戦後支配の正体1945-2020』『新装版激動の日本近現代史1852-1941』（いずれもビジネス社）『戦争を始めるのは誰か』『第二次世界大戦　アメリカの敗北』（いずれも文春新書）、訳書に『日本1852』『アメリカはいかにして日本を追い詰めたか』『ルーズベルトの開戦責任』（以上、草思社文庫）などがある。

公文書が明かすアメリカの巨悪

2021年４月26日　第１刷発行

著　者　渡辺惣樹
発行者　唐津 隆
発行所　株式会社ビジネス社
〒162-0805　東京都新宿区矢来町114番地 神楽坂高橋ビル5階
電話　03(5227)1602　FAX　03(5227)1603
http://www.business-sha.co.jp

印刷・製本　大日本印刷株式会社
〈カバーデザイン〉中村聡
〈本文組版〉エムアンドケイ　茂呂田剛
〈編集担当〉佐藤春生
〈営業担当〉山口健志

ISBN978-4-8284-2279-4